DuMont Dokumente:

Eine Sammlung von Originaltexten, Dokumenten und grundsätzlichen Arbeiten zur Kunstgeschichte, Archäologie, Pädagogik, Musikgeschichte und Kulturtheorie

In der vorderen Umschlagklappe: Übersichtskarte der Gewürzroute

In der hinteren Umschlagklappe: Weltkarte des Henricus Martellus Germanus, 1489

DOMVASCODAGAMACONDEALMIRANEQVEFOIO
PRIMEIROQDOREINOVEIOCOTITOLODEVIZOREI
O:6:G DAIMDIA
VEIO OANO D:S24: GOVERNOV·
4·MEZE S·FAL ECEOEMCOCHIM
EM OANO D:S24

Fernand Salentiny

Die Gewürzroute

Die Entdeckung des Seewegs nach Asien
Portugals Aufstieg
zur ersten europäischen See- und Handelsmacht

DuMont Buchverlag Köln

Umschlagvorderseite: Portugiesische Seefahrer Anfang des 16. Jh., Darstellung aus dem 19. Jh.

Umschlaginnenklappe: Das Denkmal der Entdeckungen in Belém (Lissabon)

Frontispiz: Vasco da Gama, Kopie eines Gemäldes aus dem ehemaligen Palast der portugiesischen Vizekönige in Goa (Indien)

Die Deutsche Bibliothek – CIP-Einheitsaufnahme

Salentiny, Fernand:
Die Gewürzroute: die Entdeckung des Seewegs nach Asien;
Portugals Aufstieg zur ersten europäischen See- und Handelsmacht /
Fernand Salentiny. – Köln: DuMont, 1991
(DuMont-Dokumente)
ISBN 3-7701-2743-9

Satz, Druck und buchbinderische Verarbeitung: Boss-Druck, Kleve

Printed in Germany ISBN 3-7701-2743-9

Inhalt

Voraussetzungen für den Ausbau der Gewürzroute

Tropische Gewürze im spätmittelalterlichen Europa

Gewürze zählen zu den ältesten Handelsgütern der Welt. Sie waren nicht nur zum Würzen der Speisen begehrt, sondern fanden auch in vielfältigen anderen Bereichen Verwendung, so z. B. in der Medizin und in der Kosmetik. Neben den einheimischen waren im Mittelalter bereits verschiedene tropische Gewürze in Europa bekannt; über die Griechen und Römer hatten sie allmählich Eingang gefunden. Die Araber, die den Gewürzhandel beherrschten, brachten die Spezereien auf dem Landweg und über das Mittelmeer aus Afrika und Asien. Im Anschluß an die Kreuzzüge gelang es den italienischen Städten Genua und Venedig, sich das Handelsmonopol zu sichern. Um 1400 wurde fast der gesamte Gewürzhandel Europas über Venedig abgewickelt. Der lange und umständliche Transport auf Karawanenstraßen sowie zahlreiche

Zur Zeit des arabischen Gewürzhandels brachten Kamelkarawanen die kostbare Fracht aus Asien und Afrika an das Mittelmeer; Holzschnitt aus der »Cosmographie universelle« von Thevet, 1575

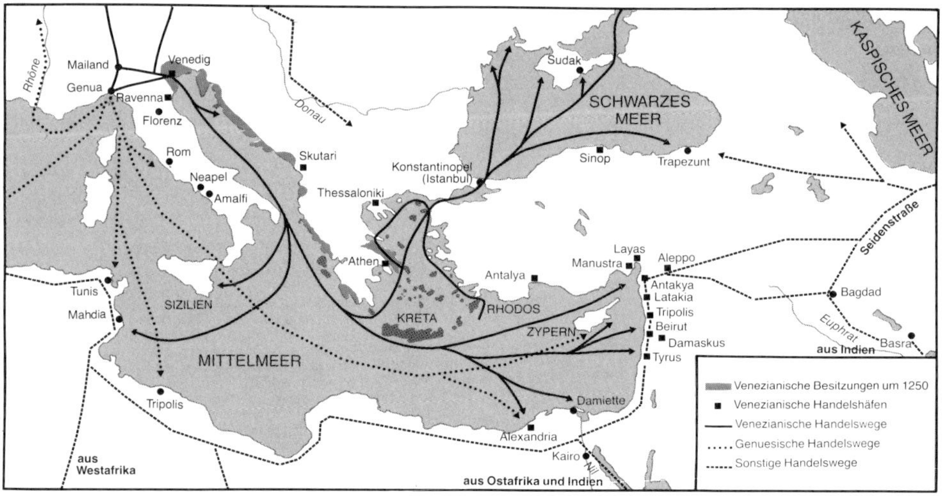

Venedig und die Handelswege vor dem Ausbau der Gewürzroute

Zwischenhändler ließen die Preise für die Gewürze in astronomische Höhen steigen. Die kostbaren exotischen Spezereien, deren Herkunft die Araber stets geheimgehalten hatten, galten so in der spätmittelalterlichen europäischen Gesellschaft als Statussymbole. Erst als es den Portugiesen gelang, den Seeweg nach Asien zu entdecken und die Gewürze direkt aus ihren Ursprungsländern nach Europa zu bringen, sanken die Preise für diese Genußmittel. Damit war die Voraussetzung für ihre weitere Verbreitung geschaffen.

Pfeffer

Das erste tropische Gewürz, das nach Europa kam, war der asiatische Pfeffer. Der Pfeffer *(Piper nigrum)* wächst wild in den ausgedehnten Urwäldern von Travancore, Malabar, Kambodscha und Tonkin. Von hier aus gelangte er nach Malaysia, Java, Sumatra, Borneo und auf die Philippinen. Als Gewürz dienen die getrockneten Früchte der Pfefferpflanze, eines Kletterstrauches. Schwarzer, weißer und grüner Pfeffer stammen von dem gleichen Gewächs. Aus den unreif gepflückten Beeren entsteht durch Trocknen der schwarze und durch Konservieren der grüne Pfeffer. Weißen Pfeffer gewinnt man aus den getrockneten weißen Kernen der reifen Beeren. Das Gewürz verleiht den Speisen einen aromatischen und scharfen Geschmack. Bei normaler Dosierung regt es den Appetit an, belebt den Organismus und fördert die Verdauung. Lange bevor die Portugiesen am asiatischen Gewürzmarkt teilnahmen, benutzten viele asiatische Völker die Körner als Heilmittel. Sie sind eines der meistgefragten Aphrodisiaka bei den Arabern.

Alexander der Große brachte den Pfeffer um 330 v. Chr. nach Europa. In Anlehnung an indische Bezeichnungen nannten die Griechen ihn *Peperi*, die Römer *Piper*. Im Jahre 408 verlangte der Gotenkönig Alarich bei der Belagerung Roms neben 5000 Pfund Gold 3000 Pfund Pfeffer als Lösegeld – ein Beweis dafür, daß die Körner damals einen festen Handelswert hatten. Während des gesamten Mittelalters war der Pfeffer das teuerste Gewürz – daher die Redewendung »der Preis ist gepfeffert«. Pfeffer wurde als Zahlungsmittel gebraucht, wenn das Metallgeld selten war, und spielte ebenfalls bei der Mitgift eine Rolle. Ohne Zweifel war der hohe Preis, einerseits durch das arabisch-venezianische Einkaufs-, Verkaufs- und Verteilungsmonopol, andererseits durch die beschränkten Anbaumöglichkeiten bedingt, ein Anlaß für die portugiesischen Seefahrer, die Ursprungsländer des asiatischen Pfeffers aufzusuchen. Vasco da Gama und seine Gefolgsleute begaben sich nach Cochin, Cannanore und anderen Gewürzhäfen an der Malabar- und der Coromandelküste, wo sie den Pfeffer direkt einkauften. Daraufhin begann der Preis für dieses Gewürz in Europa zu sinken, denn es gab plötzlich ein Überangebot. Venezianische Agenten verbreiteten zwar das Gerücht, der Pfeffer der Portugiesen sei in der Qualität weit schlechter als derjenige der venezianischen Händler, doch der Niedergang Venedigs war besiegelt. Lissabon und schließlich Antwerpen wurden die führenden Handelsstädte Europas.

Pfeffer; Holzschnitt aus dem »Neu vollkommen Kräuter-Buch« von Jacobus Theodorus Tabernaemontanus, 1731[4]

›Guineapfeffer‹

Bevor Vasco da Gama den portugiesischen Händlern asiatischen Pfeffer brachte, gelangte eine Art Guineapfeffer, *Afromomum melegueta*, nach Lissabon. Er wuchs wild in den Urwäldern der Elfenbeinküste und Liberias und darf nicht mit dem *Piper guineensis*, dem echten Guineapfeffer (auch ›Pfeffer der Aschanti‹ genannt), verwechselt werden. Bereits bevor die Portugiesen die Guineaküste erreichten, kam er über Tripolis und Tunis nach Europa, wo er hauptsächlich in der Medizin Verwendung fand. In Lyon wurde er bereits 1245 gehandelt. Die getrockneten Beeren, deren Ursprungsland lange nicht bekannt war, erhielten die Bezeichnung ›Paradieskörner‹. Während der Rückfahrt der portugiesischen Karavellen von ihren Entdeckungsreisen wurde dieser Pfeffer hauptsächlich gegen Kupfer und Messing eingetauscht und als Ladung mit nach Portugal genommen. Um 1470 entwickelte sich Sierra Leone zum Hauptproduktionszentrum. Bis 1490 stiegen die Preise ständig, fielen dann wieder, je nach der Höhe des Angebots und der Nachfrage. Der portugiesische Historiker Manuel Nunes Dias hat der Nachwelt eine ungefähre Aufstellung des Pfefferimports aus Westafrika hinterlassen. Demnach wurden z. B. von 1493–94 ca. 1711 Zentner und von 1498–1504 etwa 2440 Zentner Pfeffer aus Westafrika nach Portugal eingeführt.

Zimt

Auch der Zimt war im portugiesischen Gewürzhandel von großer Bedeutung. Es gibt zwei Arten von Zimt: den echten, Ceylonzimt oder auch Kaneel, und den Chinazimt oder Cassia. Der Ceylonzimt wird aus der inneren Rindenschicht des Zimtbaumes *Cinnamomum zeylanicum* oder *verum* aus der Familie der Lorbeergewächse gewonnen. Seine Heimat sind die Urwälder Sri Lankas, wo er bis auf einer Höhe von 900 m gedeiht. Die Rinde ist sehr dünn (2 mm), glanzlos, matt und von hellbrauner oder fahlroter Farbe. Der Chinazimt wird aus der Rinde des Zimtbaumes *Cinnamomum cassia* hergestellt. Der Baum ist von hohem Wuchs, in der Regel erreicht er 15 m Höhe und hat bis zu 20 cm lange Blätter. Er wächst wild in den Gebirgsgegenden von Hinterindien und China bis auf einer Höhe von 2000 m. Der Geschmack des Gewürzes ist süßlich, aromatisch, dann beißend und brennend. Im allgemeinen wird der Ceylonzimt dem etwas herberen und bittereren Chinazimt vorgezogen. Neben seiner Qualität als Gewürz besitzt der Zimt verschiedene medizinische Eigenschaften und wirkt u. a. appetitanregend, magenstärkend und verdauungsfördernd.

Zimt; Holzschnitt aus dem »Neu vollkommen Kräuter-Buch« von Jacobus Theodorus Tabernaemontanus, 1731[4]

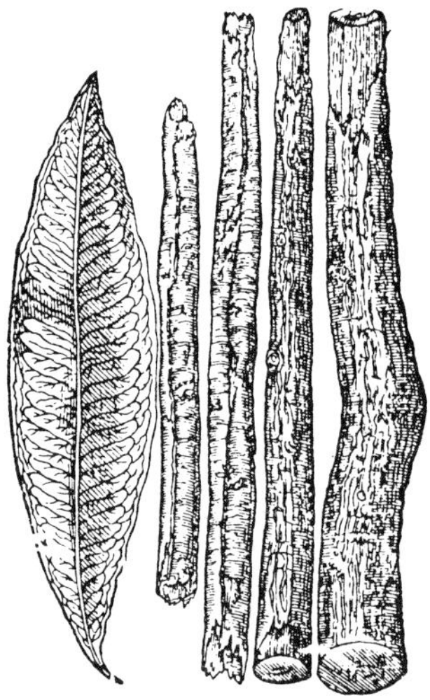

Die Würzkraft der Rinde des Zimtbaumes war schon früh bekannt. Aus China liegt uns bereits aus der Zeit um 2700 v. Chr. ein schriftlicher Beleg für die Verwendung von Zimt als Gewürz vor. Weitere schriftliche Hinweise finden sich in der Bibel. Der römische Naturphilosoph Plinius spricht im zwölften Buch seiner »Naturgeschichte« ausführlich von *Cinnamomum*, als dessen Ursprungsland er allerdings Äthiopien angibt. Im Altertum wurde Zimt für die Zubereitung von würzigen Weinen, Ölen und Salben verwendet. Sein Gebrauch im nordeuropäischen Raum wird erstmals in einer Urkunde des fränkischen Königs Childerich II. an das Kloster Corbie (Normandie) im Jahre 716 erwähnt. In diesem

Dokument ist die Rede von fünf Pfund Zimt. Auch die Inder verwendeten das Gewürz bereits in früher Zeit. Im 12. Jh. waren die Bezeichnungen *Caneel* in der niederländischen, *Canele*, dann *Canelle* in der französischen und *Canel* in der englischen Sprache für Zimt gebräuchlich. Es wird angenommen, daß das Wort vom lateinischen *Canna* abstammt, das wiederum vom griechischen *Kanna* (Rohr) abgeleitet ist. Auf Englisch heißt Zimt heute *Cinnamon.* Was die Produktion von Zimt anbelangt, so finden wir um 1340 die ersten Hinweise bei dem arabischen Schriftsteller Kazwini. Zur selben Zeit erwähnt auch der arabische Forschungsreisende Ibn Battuta das Gewürz. Als Marco Polo nach Asien reiste, hatten die Venezianer das Verteilungsmonopol für Zimt in Europa inne. Im Zuge der Fahrten von Vasco da Gama erreichten dann die Portugiesen Sri Lanka, das Ursprungsland des Ceylonzimts. Sie vertrieben die arabischen Händler, die dort vor allem Zimt einhandelten, um ihn mit hohem Gewinn nach Ormuz am Persischen Golf zu verkaufen. Im Jahre 1506 hatte sich der Export der Araber auf 11 t belaufen. Wie beim Pfeffer zwangen die portugiesischen Seefahrer und Händler die lokalen Potentaten, eine bestimmte Menge des Gewürzes als Tribut abzuliefern. Um diese Zahlungen sicherzustellen, zögerten sie bei Lieferungsengpässen nicht im geringsten, mit Gewalt vorzugehen. Aus diesen Zwangsabgaben konnten sie ihre Stationierungskosten sowie den Unterhalt der Festung in Colombo bestreiten und auch andere begehrte orientalische Luxuswaren einkaufen, die mit hohem Gewinn in Lissabon umgesetzt wurden. Auf diese Weise ließen sich die portugiesischen Kolonialherren wie auch ihre Nachfolger, die Niederländer und Engländer, ihren vermeintlichen Schutz gegen mutmaßliche Feinde der lokalen Potentaten mehrfach honorieren. Nach 1656 ging das Zimtmonopol auf Sri Lanka an die niederländische Ostindienkompanie über, die eine strengere Handelskontrolle durchführte, um noch höhere Gewinne als die Portugiesen zu erzielen. Um 1767 kam der Niederländer de Koke auf den Gedanken, den Zimtbaum zu züchten. Der Versuch hatte, wider alle Erwartungen, großen Erfolg. Bis zum Jahre 1796, als die Engländer die Niederländer als Kolonialherren ablösten, konnte die niederländische Ostindienkompanie den gesamten Zimtbedarf decken. Sank der Preis des Zimts infolge von Überproduktion, dann vernichteten die Niederländer einen Teil der Ware.

Muskatnuß

Die Muskatnuß zählte seit dem Mittelalter zu den beliebtesten Gewürzen in Europa. Ihre Heimat sind die Molukken, die Gewürzinseln. Der Muskatnußbaum *(Myristica fragrans)* wächst wild auf Ceram, Ambon, Buru, Jololo und anderen kleinen angrenzenden Inseln. Er ist buschig, hat die Form einer Pyramide und erreicht eine durchschnittliche Höhe von 12 m. Die immergrünen Blätter sind von ovaler oder elliptischer Form. Seine Frucht, eine fleischige, birnen- oder kugelförmige Beere, hat eine fahlgelbe Farbe. Neben der Muskatnuß, dem Kern des Samenkorns, befindet sich auch die Haut des Samenkorns im Handel, die unter der Bezeichnung Muskatblüte verkauft wird. Außer zum Würzen findet Muskat in der Kosmetik, der Seifen- und Parfümherstellung sowie in der Heilkunde Verwendung.

Muskatnuß; Holzschnitt aus dem »Neu vollkommen Kräuter-Buch« von Jacobus Theodorus Tabernaemontanus, 1731[4]

Ob die Muskatnuß bereits im Altertum bekannt war, wissen wir nicht genau. Während der aus Bagdad stammende arabische Forscher Abul Hassan Ali Massudi, der von 916–919 Indien bereiste, angibt, die Muskatnuß sei ein in Indien viel verwendetes Gewürz, bezeichnet der arabische Geograph Al-Idrisi aus Ceuta sie als einen wichtigen Exportartikel der Hafenstadt Aden im heutigen Südjemen. Als Heinrich VI. im Jahre 1191 anläßlich seiner Kaiserkrönung durch Rom zog, waren die Straßen der Stadt u. a. von ›Myristica-Wohlgerüchen‹ durchströmt. Auch in England, Dänemark und Frankreich kannte man Ende des 12. Jh. dieses Gewürz. In England hatte ein Pfund Muskatnuß den Wert einer halben Kuh. Im Jahre 1511 entdeckte der portugiesische Seefahrer Antônio de Abreu die Banda-Inseln und hatte damit das Ursprungsland der Muskatnuß gefunden. Die Bedeutung dieser im 14. Jh. zum javanischen Reich Madjapahit gehörenden, islamisierten Inselgruppe lag bereits vor der Ankunft der Portugiesen in der Produktion der Muskatnuß und der Gewürznelken sowie im Handel zwischen den Molukken und Java. Die Portugiesen hielten den Muskatnußhandel des Archipels fast ein Jahrhundert in ihren Händen. Während des gesamten 16. Jh. war Lissabon Umschlagplatz für die von den Banda-Inseln stammende Muskatnußproduktion. 1621 gingen die Inseln dann in den Besitz der niederländischen Ostindienkompanie über; ihr Monopol wurde erst 1873 aufgehoben.

Gewürznelke

Auch die Gewürznelke stammt ursprünglich von den Molukken. Der Gewürznelkenbaum *(Caryophyllus aromaticus)* gedeiht nur in feuchtwarmem Klima auf geringen Anbauhöhen. Er erreicht eine durchschnittliche Höhe von 12 m und ähnelt einer riesigen Myrte. Seine immergrünen Blätter haben eine Länge von ungefähr 10 cm. Als Gewürz dienen die getrockneten Blütenknospen. Sie riechen angenehm und haben einen starken, pikanten und aromatischen Geschmack. Außer zum Würzen der Speisen werden die Nelken zu verschiedenen medizinischen Zwecken genutzt. Ihren Namen erhielten sie aufgrund ihrer Ähnlichkeit mit kleinen Nägeln – im Mittelalter wurden die Blüten als Nägelein bezeichnet.

Die Gewürznelke war lange vor unserer Zeitrechnung in China bekannt. Während der Han-Dynastie (206 v. Chr.–220 n. Chr.) kauten die Hofbeamten, bevor sie sich ihrem Herrscher näherten, die getrockneten Blütenknospen, um schlechten Mundgeruch zu verbergen. Im 4. Jh. beschenkte Kaiser Konstantin II. den Bischof Sylvester von Rom mit 150 Pfund Gewürznelken – damals ein kleines Vermögen. Um 1180 wurde die Gewürznelke in Akkra (Palästina) als Steuer erhoben, ein Zeichen dafür, daß sie als Abgabe dem Geld gleichwertig war. In Marseille befand sich das Gewürz 1228, in Barcelona 1252 und in Paris 1296 in kleinen Mengen im Handel. Vor der Ankunft der Portugiesen in Indien belieferten die Araber die Europäer mit Gewürznelken; wahrscheinlich kannten sie ihre Heimat, die Molukken, nicht. Ein erster Hinweis auf das Produktionsland stammt von dem arabischen Geographen Ibn Khordadheb Ende des 9. Jh. Er gibt die Gewürznelke wie auch Sandelholz, Zucker und die Kokosnuß als Produkte der Insel Java an. Doch hier irrte Ibn Khordadheb, wie übrigens auch Marco Polo, denn auf Java kam die Gewürznelke niemals vor. Nachdem der portugiesische Seefahrer und Entdecker Francisco Serrão als erster Europäer die Insel Ternate im Jahre 1511 erreicht hatte, gelangten endlich detaillierte Nachrichten über die Gewürznelke nach Europa. Etwa ein Jahrhundert lang besaßen die Portugiesen das Handelsmonopol, bis es 1605 an die Niederländer überging. Obwohl beide Kolonialmächte die Ausfuhr von Gewürznelken streng überwachten, gelangte trotzdem Saatgut durch Schmuggler auf die Insel Mauritius, die Bourbonen-Insel, nach Cayenne und schließlich nach Martinique und Santo Domingo. Ende des 18. Jh. brachte ein arabischer Händler in Begleitung eines französischen Offiziers die Gewürznelke nach Sansibar, das heute mit Pemba zu den größten Nelkenproduzenten der Welt gehört.

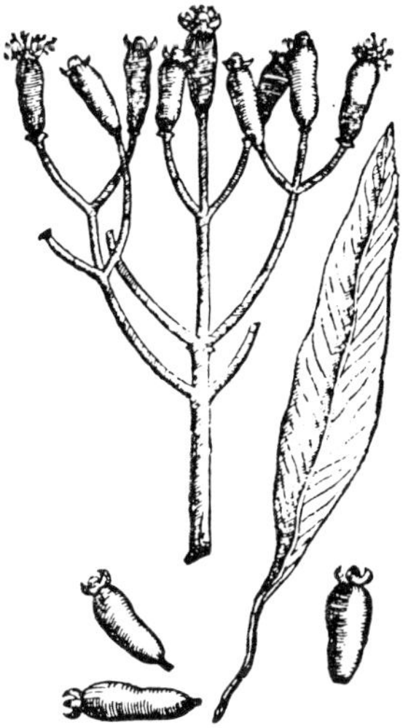

Gewürznelke; Holzschnitt aus dem »Neu vollkommen Kräuter-Buch« von Jacobus Theodorus Tabernaemontanus, 1731[4]

Ingwer

Der Ingwer spielte im portugiesisch-asiatischen Gewürzhandel, der fast ein ganzes Jahrhundert andauerte, eine untergeordnete Rolle. Die Ingwerpflanze *(Zingiber officinale)*, die zur Familie der Gewürzlilien gehört, ist in Indien beheimatet. Das Gewürz wird aus dem Wurzelstock gewonnen. Es ist aromatisch, von angenehmem Geruch, pikantem, pfefferartigem Geschmack und gilt als magenstärkendes Mittel. Die Araber nutzten es als Aphrodisiakum und als Heilmittel für die Brust.

Ingwer; Holzschnitt aus dem »Kreuterbuch« von Adamus Lonicerus, 1679

Ingwer, den übrigens die Perser *Zungebil,* die Araber *Zingabil,* die Türken *Zentsephil,* die Spanier *Gengibre* und die Engländer *Ginger* nennen, diente bereits in frühgeschichtlicher Zeit den Indern und Chinesen als Gewürz. Im Mittelalter war er so wertvoll, daß er 1173 in Akkra (Palästina), 1228 in Marseille und 1298 in Paris als Steuer eingetrieben wurde. In Basel gab es 1433 sogar eine Herberge ›Zum Ingwer‹. Der erste Europäer, der die Gewürzpflanze selbst sah, war Marco Polo. Vor der Landung Vasco da Gamas in Indien lag der Preis des Ingwers nur etwas unter dem des Pfeffers.

Weitere wichtige Gewürze

Neben Pfeffer, Zimt, Muskatnuß, Gewürznelke und Ingwer gelangten nach dem portugiesischen Einbruch in das arabisch-venezianische Gewürzgeschäft in Indien ebenfalls Kurkuma oder Gelbwurz *(Curcuma longa)* sowie Kardamom *(Elettaria cardamomum)* nach Lissabon. Kardamom, von dem portugiesischen Seefahrer Barbosa 1514 erstmals beschrieben, war in Indien bereits lange vor der Ankunft der Portugiesen als Arzneimittel und Gewürz bekannt.

Außer den Spezereien brachten die portugiesischen Händler auch Pharmaka wie Abelmoschus, Betelpfeffer, Opium, Aloesaft und Sarsaparille, um nur einige wichtige zu erwähnen, in die portugiesische Hauptstadt.

Die Genuesen und Katalanen – Vorläufer und Vorbilder der portugiesischen Seefahrer

Der von Heinrich dem Seefahrer, dem Begründer des portugiesischen See-Imperiums, ausgearbeitete und etappenweise durchgeführte Plan, nach der Eroberung der marokkanischen Festung Ceuta das geographische Neuland entlang der westafrikanischen Küste zu erforschen und dem Mutterland anzugliedern, war nicht neu. Abgesehen von einigen Zeugnissen aus dem Altertum – im Jahre 530 v. Chr. soll der karthagische Großkaufmann Hanno bis in die Gabun-Bucht im heutigen westafrikanischen Staat Gabun gelangt sein – beabsichtigten noch vor den

Portugiesen die Genuesen und Aragonier, diese westafrikanische Route zu befahren. Daß den beiden Staaten, die sowohl Erfahrung zur See als auch Kenntnisse des nordafrikanischen Handels besaßen, der Erfolg versagt blieb, liegt zum einen in der mangelhaften technischen Ausrüstung ihrer Schiffe begründet. Sie besaßen in der Regel Galeeren, die für das Kreuzen auf dem Atlantik völlig untauglich und nur für Fahrten auf dem Mittelmeer geeignet waren. Zum anderen muß ihr Scheitern auf ihren übermäßigen Ehrgeiz zurückgeführt werden, gleichsam im Handumdrehen das vollbringen zu wollen, wofür die portugiesischen Seefahrer und Entdecker etwa zwei Jahrhunderte später immerhin fast 75 Jahre brauchten.

Der finanzstarken Seerepublik Genua, im 13. Jh. politisch unabhängig, wirtschaftlich aber von Venedig weit überflügelt, schien es besonders wichtig, den arabischen Transithandel für Gewürze, Drogen sowie Duft- und Farbstoffe selbst in die Hand zu nehmen. Des weiteren war Genua am nordafrikanischen Goldhandel interessiert, der damals ausnahmslos von islamischen Händlern betrieben wurde. Der größte Teil des nordafrikanischen Edelmetalls stammte aus den Minen, die zwischen dem oberen Niger und dem benachbarten Stromgebiet des Senegal, östlich vom Oberlauf des Senegal-Nebenflusses Faleme und am oberen Volta lagen. Alsdann ging es den Genuesen darum, am lukrativen Orientgeschäft teilzunehmen, zumal der direkte Bezug von Luxusprodukten aus Indien immerhin 500% Gewinn abwarf. Weil der Weg über Ägypten durch die Araber versperrt war, planten sie, die damals noch unbekannte Südspitze Afrikas zu umfahren, um direkt an die Malabarküste zu gelangen. Im Jahre 1291 verließen zwei Galeeren, die ›Allegranza‹ und die ›San Antonio‹, unter dem Kommando der Gebrüder Vadino und Ugolino Vivaldi ihren Heimathafen Genua. Ein Mitglied aus der finanzstarken Familie der Doria hatte das waghalsige Unternehmen unterstützt. Mit dem ehrgeizigen Ziel, Handelsbeziehungen zu den Potentaten der Malabarküste anzuknüpfen und so das arabisch-islamische Handelsmonopol, das einer Wirtschaftsblockade gleichkam, zu umgehen, stießen sie durch die Meerenge von Gibraltar in Richtung des völlig unbekannten Südatlantiks vor. Verschiedene Historiker behaupten – ohne allerdings hieb- und stichfeste Beweise erbringen zu können –, die Vivaldis hätten Kap Agulhas, Afrikas südlichste Spitze, umfahren und wären schließlich in der Nähe von Mogadishu, der heutigen Hauptstadt von Somalia, gestrandet. Mehr noch: Manche

Römische Frachtschiffe; Relief auf dem Sarkophag eines Römers

Geschichtsschreiber sehen in den beiden Genuesen die Vorläufer des Kolumbus, andere die des Bartolomeu Dias. Bis heute konnte nicht sicher festgestellt werden, bis wohin die Brüder tatsächlich segelten. Keinem Historiker ist es bislang gelungen, einwandfreies Beweismaterial über die von den Vivaldis eingeschlagene Route vorzulegen. Genuesische Quellen berichten, daß die Schiffe das marokkanische Vorgebirge Juby erreicht hätten, eine Annahme, die richtig sein dürfte. 1455 teilte der italienische Seefahrer Antonietto Usodimare seinem Auftraggeber Heinrich dem Seefahrer mit, daß er bei seiner Fahrt an den Gambia-Fluß auf einen Nachkommen der Vivaldi-Expedition gestoßen sei. Doch muß man Usodimares Behauptung mangels konkreter Beweise ins Reich der Fabeln verweisen.

1315 unternahm Sorleone Vivaldi, der Sohn des verschollenen Ugolino, auf dem Landweg einen Vorstoß bis nach Mogadishu. Doch auch ihm gelang es nicht, das Schicksal der Expedition aufzuhellen. Sogar der bekannte schwedische Gelehrte Adolf Erik von Nordenskjöld hinterließ der Nachwelt eine Legende über das Unternehmen, indem er in seinem Buch »Periplus« von 1897 auf Seite 114 schrieb: »Eines dieser Schiffe scheint bis zum Senegal vorgedrungen zu sein, wo die Seefahrer von den Eingeborenen gefangengenommen wurden und wo Abkömmlinge von ihnen durch Cadamostos Begleiter Usodimare in der Mitte des 15. Jahrhunderts gefunden wurden.« Selbst namhafte italienische Historiker wie Guiseppe Canale, der 1860 die Geschichte Genuas aufzeichnete, wurden nicht müde, die ›Indienfahrt‹ der Vivaldis zu ›beweisen‹. Canale schrieb ihnen außer der Umrundung Afrikas auch die Entdeckung der Kanarischen Inseln, ja sogar der Azoren zu. Noch weiter geht der italienische Gelehrte Carlo Errara in seinem Werk

Genua im 15. Jh.; Holzschnitt aus der Schedelschen Weltchronik, 1493

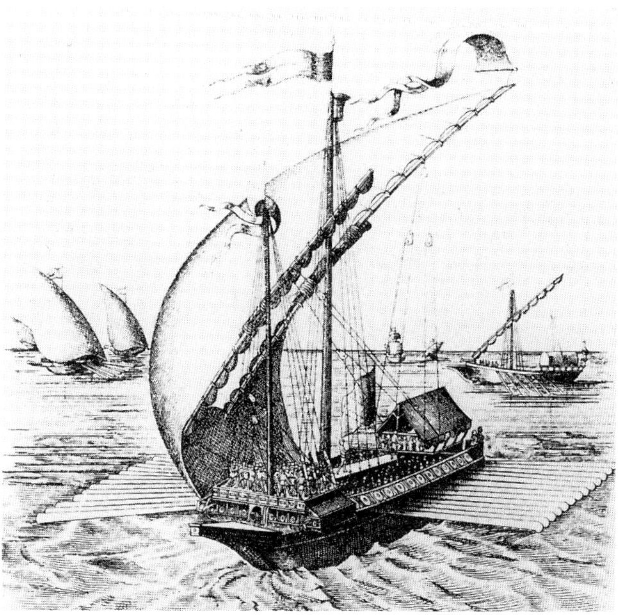

Venezianische Galeere

»L'Epoca delle grande Scoperte geografiche« (»Das Zeitalter der großen geographischen Entdeckungen«) von 1902, in dem er ohne jeden hieb- und stichfesten Beweis zu belegen versucht, die Brüder hätten Amerika auf einer Westfahrt erreicht. Damit hätten sie Kolumbus' Fahrt ganz einfach vorweggenommen! Technisch gesehen konnte eine Galeere, die für die Schiffahrt auf dem Mittelmeer, nicht für den Atlantik gebaut war, ohne Schwierigkeiten eigentlich nur bis zum Cabo Bojador (in der heutigen Westsahara) vorstoßen.

Auch wenn das genuesische Unterfangen aus technischen Gründen von vorneherein zum Scheitern verurteilt war, kann es doch als erster ernsthafter Versuch angesehen werden, die arabisch-islamische ›Gewürzbarriere‹ zu durchbrechen. Vielleicht dachten die Genuesen damals bereits an die Kontrolle des lukrativen Sahara-Marktes. Allerdings fehlte der Seerepublik das militärische Potential, um einen derartigen Vorstoß ebenfalls auf eine solide politische Basis zu stellen. Wäre aber dem kühnen Unternehmen der Vivaldis Erfolg beschieden gewesen, hätte die Geburtsstadt des Christoph Kolumbus der aufstrebenden See- und Kolonialmacht Portugal den Rang abgelaufen.

Ein halbes Jahrhundert später unternahm das Königreich Aragonien – es umfaßte damals die beiden Königreiche Aragonien und Valencia, seit 1137 Katalonien mit der Hafenstadt Barcelona, die Grafschaften Pallars und Urgel, die Balearen, Sizilien sowie Sardinien – ebenfalls einen Versuch, die westafrikanische Küste zu erkunden. Vermutlich wollten die Aragonier ein Handelskontor errichten. Ob ebenfalls ein Vorstoß bis zur Malabarküste um die Südspitze

Afrikas geplant war, kann nach wie vor nicht sicher festgestellt werden. Zu diesem Unternehmen finden wir folgende Inschrift auf dem »Mediceischen Atlas« von 1351: »Es brach auf das Transportschiff von Jaime Ferrer, um nach dem Goldfluß zu segeln, am Tage des Heiligen Laurentius, am 10. August im Jahre 1346.« Ein Brief des Seefahrers und Entdeckers Usodimare gibt ebenfalls Kunde von Ferrers Fahrt an den ›Goldfluß‹, der Vedamel, Fluß vom Melli, heißt.

Am 10. August 1346 verließ der kühne Seefahrer Jaime Ferrer aus Mallorca den Hafen von Barcelona mit der ›Uxor‹, durchfuhr die Meerenge von Gibraltar, umschiffte (vermutlich) das Cabo do Não (Kap Nun) an der marokkanischen Küste und gelangte (vermutlich) bis zur Mündung des Senegal. Auch von ihm fehlt, wie von seinen Vorgängern, den Vivaldis, bislang jede Spur. Einzig und allein seine Abreise ist auf dem »Katalanischen Atlas« von 1375 vermerkt. Wenn er wieder nach Barcelona zurückgekehrt wäre, hätte der Zeichner der Karte, Abraham Cresques, der ein Jugendfreund von Ferrer war, dessen Rückreise sicherlich eingezeichnet. Dies ist jedoch nicht der Fall. Ohne Zweifel kamen Ferrer und seine Mitreisenden um. Doch wo sie der Tod ereilte, das wissen wir nicht. Dieser zweite Versuch einer Mittelmeermacht, die westafrikanische Küste zu erkunden und wirtschaftlich zu nutzen, ja noch weiter in den unbekannten südlichen Atlantik vorzudringen, schlug zweifellos wieder aus technischen Gründen fehl.

Ein Jahr nach Jaime Ferrer traten zwei weitere aus Mallorca stammende Seefahrer, Domingo Gual und Francesce Desvalers, eine Fahrt zu den Kanarischen Inseln an. Guals Reise war erfolgreich, denn er kehrte nachweisbar wieder nach Barcelona zurück.

Zu einem waghalsigen Abenteuer auf dem stürmischen Atlantik, wie die portugiesischen Seefahrer es später unternahmen, waren weder Genua noch Aragonien in der Lage. 1416 gelang die erste sicher bewiesene Fahrt an den ›Goldfluß‹, und erst 1483 erreichten portugiesische Schiffe das Goldland Melli (Mali). Portugal und Kastilien entschieden den Wettlauf um die zu entdeckenden Länder für sich. Beide Seenationen verfügten über ein neu entwickeltes Hochseeschiff, die Karavelle, die sich durch eine große Manövrierfähigkeit auszeichnete, über unbeugsame und erfahrene Kapitäne und nicht zuletzt über zielstrebige Monarchen; João II. der Perfekte und Manuel I. der Glückliche trieben die Expeditionen unermüdlich voran.

Portugal auf dem Weg zur Kolonialmacht

Portugal verfügte bereits vor der Zeit der großen Entdeckungen über ein eigenes, ethnisch homogenes Territorium. Das Kernland des jungen Königreiches lag in der Umgebung von Oporto (Porto) zwischen dem Unterlauf des Rio Douro und dem Rio Minho.

Als König Alfonso VI. von León und Kastilien zum Krieg gegen die Muslime aufrief, leistete unter vielen brotlosen Adligen auch Heinrich von Burgund diesem Aufruf Folge. Für seine Dienste erhielt er 1095 die Grafschaft Portucalia als Lehen und heiratete die Tochter Alfonsos.

Er sagte sich von dem kastilischen König los, schuf eine politisch unabhängige Grafschaft und tat somit den ersten Schritt zur Gründung einer königlichen Dynastie. Als Heinrich 1112 starb, übernahm seine Witwe Teresa die Regentschaft für ihren noch minderjährigen Sohn Afonso Henriques. Eine Liebesaffäre der neuen Herrscherin mit dem galizischen Ritter Don Fernando Pérez de Travere veranlaßte einen Teil des Adels und des Klerus' unter Führung des Thronfolgers zum Aufstand. Teresa wurde verbannt, und ihr Sohn übernahm die Regierungsgeschäfte. Nach dem glänzenden Sieg über die Mauren 1139 bei Ourique beanspruchte Afonso I. Henriques den Titel eines Königs für sich. Noch im selben Jahr besiegte er die Kastilier bei São Mamede und erreichte, daß der Papst, dessen Lehnshoheit er sich unterstellte, sein Land de jure anerkannte. Die sieben goldenen Burgen Leiria, Lissabon, Palmela, Evora, Montemor-o-Novo, Sintra und Santarém im portugiesischen Nationalwappen erinnern an die sieben Befestigungen, die Afonso Henriques den ›Ungläubigen‹ entriß, und die fünf Schilde im Wappen symbolisieren die fünf muslimischen Fürsten, die der König unterwarf. Die fünf Punkte auf jedem Schild deuten auf die fünf Wundmale Jesu hin und gelten als Sieg des Christentums über den Islam. Nachdem die Stadt Beja (arabisch: Baxu) in die Hände der Portugiesen gefallen war, starb Afonso Henriques, Portugals erster, dynamischer König, sechs Jahre später, am 6. Dezember 1185, in Coimbra.

Nach Afonso Henriques bestieg Sancho I. den Thron. Seine Regierungszeit war von harten Kämpfen gegen die Almohaden gekennzeichnet, die noch immer den Baixo Alentejo und den Algarve im südlichen Portugal besetzt hielten. Sancho bemühte sich mit ganzer Kraft darum, Siedler zu gewinnen, welche die eroberten Gebiete urbar machen sollten. Diese Bestrebungen brachten ihm den Beinamen ›der Besiedler‹ *(o Povoador)* ein.

Auf Sancho folgte dessen Sohn Afonso II. (1211). Kaum hatte er sein Amt angetreten, als er bereits mit den Kastiliern den gemeinsamen Feind, die Araber, in der mörderischen Schlacht von Las Novas de Tolosa entscheidend schlug. Als er dann aber den Erzbischof von Braga wegen eines persönlichen Streites eigenmächtig gefangensetzte, sprach Papst Honorius III. Acht und Bann über das gesamte junge Königreich aus. Der latente Kampf gegen die Araber, dann gegen die Kastilier und schließlich gegen seine Geschwister um das Erbe schwächten den Monarchen frühzeitig. Er starb bereits im Alter von 38 Jahren an Lepra.

Afonsos Nachfolger war sein Sohn Sancho II., der den Thron schon als Zwölfjähriger bestieg. Wie sein Vater hatte Sancho ebenfalls innenpolitische Schwierigkeiten zu bewältigen. Wohl brachten ihm glänzende Siege gegen die Araber militärischen Ruhm und Ehre ein – so eroberte er Tavira und Cacela im Algarve sowie Moura und Serpa im Alentejo –, doch erzwang die mächtige und hartnäckige Geistlichkeit, gegen deren anmaßendes Vorgehen er sich energisch zur Wehr setzte, beim Papst seine Absetzung. Schließ-

Das portugiesische Nationalwappen

Afonso Henriques I., erster König von Portugal

lich unterlag er in dem von seinem Bruder und den Kirchenfürsten angestifteten Bürgerkrieg und mußte 1245 abdanken. Von all seinen Getreuen verlassen, starb Sancho 1248 in Toledo im Exil.

1245 trat Afonso III. der Wiederhersteller *(o Reconstrutor)*, Sanchos Bruder, die Regierung an. Dank der militärischen und politischen Vorarbeiten seines Vaters und Großvaters hinsichtlich der territorialen Einheit des kleinen Königreiches konnte Afonso den gesamten Algarve besetzen und somit den Islam endgültig aus Portugal verbannen. Seit 1249 herrschte er über ein Land von etwa 89 000 km^2. Auf nationalstaatlicher Ebene hat sich an den Grenzen Portugals bis heute kaum noch etwas geändert – abgesehen von Madeira und den Azoren. Die Residenz wurde von Coimbra nach Lissabon verlegt, das Afonso I. Henriques bereits im Jahre 1147 mit Hilfe von deutschen, englischen und flämischen Kreuzrittern und Söldnern von den Mauren erobert hatte. Afonso, während dessen Herrschaft Johannes XXI., der einzige portugiesische Papst, die Christenheit anführte, leitete den wirtschaftlichen Aufbau des armen Königreiches ein. Er zog Bauern aus dem nördlichen Gebiet ab und gab ihnen eine neue Heimat in dem eroberten Algarve. So gelangten sprachliche Einflüsse aus dem Norden in den Süden Portugals. Auch die Juden, die er mit nur wenigen Ausnahmen unbehelligt in Portugal ließ, sowie die Araber, die es vorzogen, im Algarve zu bleiben, halfen bei dem wirtschaftlichen Aufbau des vormals islamischen Territoriums mit. Des weiteren berief er ihm ergebene Juristen in den *Cortes* (Ständeversammlung) und in die königliche Kurie, von der die königlichen Verordnungen *(Ordenações)* ausgingen. Obschon Afonso weder lesen noch schreiben konnte, förderte er dennoch das Geistesleben. Vor allem standen die Troubadour-Lieder in hoher Blüte.

Eine Revolte, angezettelt von seinem Sohn Dinís, bereitete der Herrschaft Afonsos ein Ende. Nachdem Papst Gregor X. ihn mit dem Kirchenbann belegt hatte, segnete der König am 16. Februar 1279 das Zeitliche.

Kurz nach Afonsos Ableben bestieg der wohl bedeutendste König des Hauses Burgund, Dinís der Landwirt, den Thron. Den Beinamen *o Lavrador* bekam der Herrscher zugesprochen, weil er sich vor allem um den Ausbau der Land- und Forstwirtschaft kümmerte. Der als Dichter und Troubadour gefeierte Dinís – Dinís war der erste portugiesische König, der lesen und schreiben konnte – ließ die Gesetzessammlung seines kastilischen Großvaters Alfonsos des Weisen ins

Portugiesische übersetzen. Des weiteren erhob er den Dialekt von Oporto zur Nationalsprache; bisher war das Lateinische Amtssprache gewesen. 1290 gründete er nach dem Muster von Bologna die Universität Lissabon, die er 18 Jahre später nach Coimbra verlegte. 1294 schloß Dinís mit England ein Handelsabkommen, und 1308 unterzeichneten beide Königreiche einen Freundschaftsvertrag. Als auf Betreiben des französischen Königs Philipp des Schönen der in Avignon residierende Papst Clemens V. auf dem Konzil von Vienne (1311–1312) die Aufhebung des Templer-Ordens beschloß, gelang es Dinís, die portugiesischen Besitzungen der Ritter für den von ihm gegründeten Christus-Orden zu sichern. Die letzten Regierungsjahre von Dinís, der außerdem den Beinamen ›der Gerechte‹ *(o Justo)* trug, waren durch Intrigen seines Sohnes Afonso getrübt. 1325 starb Portugals bedeutender König, dessen Gemahlin Isabel von Aragonien als *a Rainha Santa,* als Schutzheilige Coimbras, in die Geschichte einging.

Dinís' Nachfolger, Afonso IV. der Kühne *(o Ousado),* auch ›der Tapfere‹ *(o Corajoso)* genannt, setzte das landwirtschaftliche Aufbauwerk seines Vaters fort. 1344 zerstörte zwar ein furchtbares Erdbeben zahllose Häuser in Lissabon und Umgebung, und vier Jahre später raffte die Pest einen Großteil der Lissabonner Bevölkerung hinweg. Beide Katastrophen hielten Afonso jedoch nicht davon ab, mit seinem Schwiegervater Alfonso XI. gegen die iberischen Erzfeinde, die Muslime, in den Krieg zu ziehen. 1340 siegten die kastilisch-portugiesischen Heere über die Truppen der Almohaden-Dynastie am Rio Salado.

Wie die letzten Jahre seines Vaters waren auch die des Sohnes durch Intrigen getrübt. Pedro, Afonsos Sohn und Thronerbe, hatte sich in eine der Hofdamen, Inês de Castro, verliebt, die er nach dem Tod seiner Gattin heimlich heiratete. Diese Mesalliance vergiftete das Verhältnis zwischen Vater und Sohn so stark, daß Afonso in die Ermordung seiner kastilischen Schwiegertochter einwilligte. Eine kriegerische Auseinandersetzung zwischen Vater und Sohn wegen dieses angeblich aus Staatsinteressen ausgeführten Mordes – der Nutznießer wäre das kastilische Königshaus gewesen – konnte noch in letzter Minute verhindert werden.

Die Ermordung von Inês de Castro, der Geliebten König Pedros I.

Als Afonso 1357 starb, übernahm Pedro I. die Regierungsgeschäfte. Drei Jahre nach seinem Amtsantritt nahm er grausame Rache an den Mördern Inês de Castros, mit der er vier uneheliche Kinder gezeugt hatte. Noch zu seinen Lebzeiten ließ Pedro die beiden prachtvollen Sarkophage für sich und seine Geliebte anfertigen, die in der Klosterkirche von Alcobaça entstanden. Einer von ihnen trägt die Inschrift »bis zum Ende der Welt«. Eine spä-

Der Sarkophag von König Pedro I. in der Klosterkirche von Alcobaça

tere Geliebte schenkte ihm einen Sohn João, der nach Pedros Tod Großmeister des Avis-Ordens und erster König der Dynastie Avis wurde. Während seiner kurzen, auf das Gemeinwohl bedachten Regierungszeit trat Pedro als strenger Richter auf und vollzog des öfteren selbst die Strafen, die er ohne Rücksicht auf Rang und Namen verhängte. Dies brachte ihm den Titel ›der Strenggerechte‹ *(o Justiceiro)* ein.

1367 trat Pedros Nachfolger, sein Sohn Fernão I. der Schöne *(o Belo),* die Thronfolge an. Er entstammte der rechtmäßigen Ehe Pedros mit Constanza, der ehemaligen Gattin des kastilischen Herrschers Alfonso XI. Unter Fernão wurde die so mühsam erkämpfte Eigenstaatlichkeit und politische Unabhängigkeit des Königreiches durch den kastilischen Nachbarn auf eine harte Probe gestellt. Zweimal mußte sich der König mit Kastilien in blutigen Waffengängen auseinandersetzen, die Portugal beinahe in den finanziellen Ruin trieben. Außerdem beeinflußte eine Hofdame namens Leonor Teles de Menezes, verheiratet und aus der Provinz stammend, die Staatsgeschäfte des Monarchen erheblich. Ihren Intrigen war es zu verdanken, daß eine Heirat Fernãos mit der Tochter Henriques II. von Kastilien nicht zustande kam. Rom schied ihre Ehe, und Fernão heiratete heimlich die selbstsüchtige frühere Hofdame. Diesen Vorwand benutzte Henrique II. der Prächtige von Kastilien, um in Portugal einzufallen. Er gelangte bis nach Lissabon, zerstörte einen Teil der Stadt und verwüstete die Umgebung. Daraufhin wandte sich der militärisch geschlagene Fernão an England um Hilfe. Aufgrund des 1308 geschlossenen und 1373 erneuerten Freundschaftsvertrages ließ der englische König dem bedrängten Portugal Unterstützung zukommen. Die englischen Bogenschützen, die besten Soldaten, die es damals in ganz Europa gab, befreiten Portugal von den machtbesessenen Kastiliern. Sie waren die eigentlichen Retter der portugiesischen Monarchie. Im Juni 1973 feierten die Portugiesen diese 600 Jahre alte Allianz mit großem Pomp in der portugiesischen Hauptstadt.

Fernão starb noch vor der Beendigung des Kriegszustandes mit Kastilien im Jahre 1383. Mit seinem Tod endete zugleich die Herrschaft des Hauses Burgund über Portugal.

Unmittelbar nach Fernãos Tod riß Leonor Teles, die Fernão bereits zu dessen Lebzeiten mit dem Günstling João Fernandes Andeiro, dem Grafen von Ourém, betrogen hatte, die Regierung an sich. Fernãos Halbbruder João jedoch ermordete Andeiro mit eigener Hand. Leonor flüchtete nach Kastilien, wo sie bis zu ihrem Tod in Tordesillas im Exil lebte. Das portugiesische Volk, das jede Fremdherrschaft, insbesondere die der verhaßten Kastilier, ablehnte, erklärte João zum Verteidiger des Königreiches und übertrug ihm alle königlichen Vollmachten. Leonor aber stachelte Juan I. von Kastilien auf, sich der portugiesischen Krone zu bemächtigen. Insgeheim hoffte sie, daß er sie wieder zur rechtmäßigen Königin des Nachbarlandes einsetzen würde. Der kastilische König fiel mit einem starken Heer in Portugal ein und belagerte die Hauptstadt. Die Einwohner von Lissabon jedoch setzten sich gegen die Eroberung ihrer Stadt energisch zur Wehr, so daß es Juan nicht gelang, Lissabon einzunehmen. Unerwartet brach die Pest aus, die im kastilischen Heer zahlreiche Opfer forderte. Als Juan die aussichtslose Lage erkannte, zog er sich wieder nach Kastilien zurück. Am 6. April 1385 wählte der in Coimbra tagende *Cortes* João, Großmeister des Ordens von Avis und illegitimer Sohn Pedros I., zum neuen Herrscher von Portugal. Somit schien der Kampf um die Nachfolge entschieden. João I., Fernãos Halbbruder, setzte das Königshaus Burgund durch eine Bastardlinie fort.

Juan I. von Kastilien aber lehnte Joãos Wahl zum König ab. Erneut fiel er in Portugal ein und forderte alle Bewohner auf, die Herrschaft Joãos zurückzuweisen. Ein Teil des portugiesischen Adels trat sogar auf die Seite des kastilischen Feindes. Mit Hilfe der englischen Bogenschützen schlug Joãos tüchtiger Feldherr, der Konnetabel Nuno Alvares Pereira – Pereira blieb 40 Jahre lang treuer Ratgeber Joãos – am 14. August 1385 die Kastilier bei Aljubarrota vernichtend. Zur Erinnerung an diesen großartigen Sieg ließ João in Batalha die prachtvolle Klosterkirche Santa Maria da Vitória errichten.

König João I.; während seiner Regierungszeit begann der Ausbau der Gewürzroute

Nach der Schlacht von Aljubarrota meldeten Portugals Verbündete, die Engländer, Ansprüche auf den portugiesischen Thron an. Es war Johann von Gent (John of Gaunt), Herzog von Lencester (oder Lancaster), der für seine zweite Gemahlin, die Infantin Constanza von Kastilien, den Königstitel forderte. Der im Jahre 1348 unter der Regierung Edwards III. abgeschlossene Vertrag von Windsor, der bis heute seine Gültigkeit hat, garantierte Portugal sofortige militärische Hilfe im Falle eines Angriffs einer fremden

Die Schlacht bei Aljubarrota 1385, in der die Portugiesen die Kastilier vernichtend schlugen; Gemälde von Roque Gameiro

Macht auf portugiesisches Territorium. Die Heirat Joãos I. mit Dona Filipa de Lencestre, der Tochter des Herzogs von Lencester, festigte nun die Beziehung der beiden Länder. In dem Maße, wie es der portugiesischen Monarchie gelang, sich der kastilischen Ansprüche zu entledigen, begab sie sich in direkte wirtschaftliche und militärische Abhängigkeit ihres englischen Vertragspartners.

Bereits zehn Jahre vor seiner Hochzeit war dem portugiesischen König ein unehelicher Sohn geboren worden. Es handelte sich um Afonso, den er 1401 anerkannte, ihn zum Grafen von Barcelos erhob und ihn dann mit Brites Pereira, der Tochter seines engsten Beraters und Siegers von Aljubarrota, Nuno Alvares Pereira, vermählte. Ihren gemeinsamen Sohn Fernão ernannte João zum Herzog von Bragança; er gilt somit als Ahnherr sämtlicher portugiesischer Könige von João IV. bis hin zu Manuel II. Isabel, Fernãos Schwester, wurde die Großmutter Manuels I. des Glücklichen und Isabels der Katholischen von Kastilien sowie die Stammutter vieler gekrönter Häupter, unter ihnen Karl V. und Maria Theresia.

Der Ehe Joãos und Filipas entstammten fünf Söhne und eine Tochter: Dom Duarte, der Thronfolger, mehr Gelehrter als König, Dom Pedro, Regent des minderjährigen Afonso V., ebenfalls mehr Wissenschaftler als Regent, Dom Henrique der Seefahrer *(o Navegador)*, der Begründer des portugiesischen Kolonialimperiums und der 15 000 Seemeilen langen Gewürzroute, Dom Fernão, der ›Heilige Infant‹, der nach dem mißglückten Angriff auf Tanger 1437 als Geisel in den Händen der Mauren starb, sowie Dom João, Großmeister des Santiago-Ordens, und Isabel. Der portugiesische Nationaldichter Luis Vaz de Camões nannte die fünf königlichen Söhne *Inclita Geração* (›die berühmte Generation‹). Dona Isabel vermählte sich mit Philipp dem Guten von Burgund; sie wurde Mutter Karls des Kühnen und Großmutter Marias von Burgund, der Gattin des Kaisers Maximilian I.

Das Schloß von Sintra (Paço Real), die beliebteste Sommerresidenz der portugiesischen Könige; den ersten Bauabschnitt des Schlosses leitete João I. ein

João zeigte eine große Vorliebe für Prunkbauten. Er leitete den ersten Bauabschnitt des Schlosses von Sintra, des Paço Real, ein, das zur beliebtesten Sommerresidenz der portugiesischen Könige wurde. In Sintra empfing er eine Gesandtschaft Philipps des Guten, bei der sich auch der berühmte Maler Jan van Eyck befand. Dieser bat João hier um die Erlaubnis, ein Porträt der Infantin Isabel anzufertigen, deren Hand Philipp begehrte.

In die fast 50jährige Regierungszeit Joãos I. fällt der glorreiche Beginn der portugiesischen Eroberungen und Entdeckungen, des Kap- und Inselspringens, das den armen Kleinstaat Portugal innerhalb eines knappen Jahrhunderts zur ersten europäischen See- und Kolonialmacht aufsteigen ließ.

Portugal am Vorabend der Entdeckungen

Die wirtschaftliche Situation

Am Vorabend seiner überseeischen Expansion war Portugal ein dünnbesiedelter Staat; es zählte knapp eine Million Einwohner. Wie in den anderen Teilen Europas hatte die Pest von 1348 auch hier ihre Opfer gefordert. Die durchschnittliche Lebenserwartung lag nur bei 32 Jahren. Die Landbevölkerung lebte in bedrückender Armut. Obwohl Portugal ein ausgesprochenes Agrarland war, reichte die landwirtschaftliche Produktion nicht aus, um die immer wiederkehrenden Mißernten zu überbrücken. Zahlreiche Bauern verließen den kargen Boden und siedelten sich in den größeren Ortschaften, vor allem in den Hafenstädten, an. Dieser ›Exodus‹ hatte zur Folge, daß das alltägliche Brot knapp wurde. Bereits seit 1250 bezog die Stadt Faro ihr Getreide

Das Königreich Portugal

regelmäßig aus dem Maghreb, der nordafrikanischen ›Kornkammer‹. Von den Arabern Korn kaufen zu müssen bedeutete aber für viele Portugiesen eine nationale Demütigung. Ein Katholik handelte nur ungern mit einem ›heidnischen‹ Araber, dem ›Todfeind‹ des Christentums. Außerdem lieferten zwar Sizilien, dessen Markt von den italienischen Mittelmeerstädten beherrscht wurde, das Baltikum, die Normandie und die Bretagne Getreide. Doch jeder Kauf hatte einen Abfluß von Edelmetallen zur Folge, die im finanziell schwachen Portugal dringend gebraucht wurden.

Auf den ausgedehnten Ländereien, die sich in den Händen weniger weltlicher und geistlicher Großgrundbesitzer befanden, arbeitete ein Agrarproletariat ausschließlich für den Eigenbedarf der feudalen Arbeitgeber. Außerdem hatte der Großgrundbesitzer das Recht, dem Pächter ohne weitere Erklärung zu kündigen, selbst wenn dieser seine Abgaben pflichtgemäß und rechtzeitig abgeführt hatte. Diese Willkür, vor der der König stets ein Auge zudrückte – er war selbst Großgrundbesitzer –, lastete schwer auf der hart arbeitenden und notleidenden Landbevölkerung.

Die Viehhaltung war einer Vielzahl von grundherrlichen Bestimmungen unterworfen, die es dem Züchter fast unmöglich machten, lukrativ zu wirtschaften. Fleisch, das in Portugal auf den Markt kam, war Luxusware und für die Landbevölkerung so gut wie unerschwinglich. Darüber hinaus lagen die Hauptorte des Viehauftriebs nicht in Portugal, sondern in den Provinzen von León, Soria, Segovia und Cuenca im benachbarten Kastilien.

Die Textilproduktion war im Königreich Portugal kaum entwickelt. Betriebe in der Bretagne, im Raum Osnabrück, in Konstanz und Augsburg produzierten Leinen, Manufakturen in Gent, Ypern, Mainz, Frankfurt am Main und in Südengland Tuche für die europäischen Absatzmärkte. Die Qualität der Tuche, die in der Provinz Beira hergestellt wurden, war schlecht, so daß die Produkte nicht wettbewerbsfähig waren.

Portugal verfügte über mehrere Gold- und Erzlager, die jedoch mangels technischer Förderungsmittel und fehlender Investitionen nicht abgebaut wurden. Noch bis zur Regierungszeit Manuels I. (1495–1521) bezog Portugal seine Waffen, die durch den Abbau der Bodenschätze selbst hätten erzeugt werden können, aus dem Ausland. Infolge dieser Rüstungskäufe wanderte wieder ein Teil des ohnehin schon geringen Goldbestandes ins Ausland ab.

Die Salzgewinnung und die Küstenfischerei hingegen spielten in der portugiesischen Wirtschaft eine erhebliche Rolle. Setubal an der Mündung des Sado war Portugals größter Umschlaghafen für Salz.

Mangels eigener Herstellung von Produktionsgütern mußten also vor allem Getreide, feine Stoffe und Waffen im Ausland gekauft werden. Der Export bestand aus Salz, Wein und Öl. Die Weinausfuhr soll bei 11000 Fässern jährlich gelegen haben.

Als sich das kleine, aber dynamische Königreich Portugal anschickte, eine Kolonialmacht zu werden, war die Infrastruktur des Landes kaum entwickelt, der innerstaatliche Warenverkehr besaß demzufolge nur wenig Bedeutung. Zur Zeit von Vasco da Gamas Indienfahrt führten nur zwei Handelsrouten von Lissabon ins benachbarte Kastilien. Die nördliche verband Lissabon

Der Tejo mit den Häfen von Cascais und Belém; Kupferstich aus den »Civitates Orbis Terrarum« von Georg Braun und Franz Hogenberg, 1572–1618

mit der Messestadt Medina del Campo, die südliche führte über Setubal nach Toledo. Vor allem aber fehlte es in Portugal an geeigneten Zugtieren, die damals Voraussetzung für den regelmäßigen Fernverkehr waren. Der geringe Wasserstand der beiden Hauptflüsse Tejo und Guadiana erlaubte nur streckenweise und saisonbedingt Schiffahrt. Außer dem Naturhafen von Lissabon verfügte Portugal an seiner über 800 km langen Küste über weitere Häfen wie Setubal, Lagos, Faro, Aveiro, Figueira, Vila do Conde und Concha de São Martino. Alle hatten jedoch den Nachteil, daß ihnen ein wirtschaftlich starkes Hinterland fehlte.

König Pedro der Strenggerechte hatte vorwiegend Genuesen, Mailändern und Schotten die Genehmigung erteilt, in Portugal Handel zu treiben. Diese Zugeständnisse müssen als Zeichen dafür gewertet werden, daß der König gewillt war, den inländischen Warenaustausch zu aktivieren. Wohl besaßen die Portugiesen Faktoreien in Málaga, Rouen sowie in Hanfleur, und ihre Handelsniederlassungen in Flandern waren nicht unbedeutend. Ihre Anzahl aber war zu gering, als daß größere Geschäfte mit dem Ausland hätten abgewickelt werden können. Ferner verfügten die Portugiesen nicht über genügend Depots, um ihre Waren in großen Mengen lagern zu können. Aus Urkunden geht hervor, daß portugiesische Händler in Montpellier, Marseille und auf der Messe von Montagnac Geschäfte abschlossen, doch diese reichten nicht aus, um Portugals Wirtschaft zu beleben. Das Hauptinteresse der portugiesischen Kaufleute aber lag in England, wo König John ›Ohne Land‹ ihnen gestattete, Handel zu treiben. Henry III. gewährte ihnen mehr als 100 Schutzbriefe, und 1353 kam es sogar zum Abschluß eines Abkommens zwischen England und Portugal, das den Kaufleuten beider Nationen Handelsfreiheit zusicherte. Nach England führten die Portugiesen hauptsächlich Wein, Kork und Salz aus und bezogen dafür Eisen, Tuche und Kupfer.

Das zur See hin orientierte portugiesische Königreich besaß bereits im 12. Jh. eine – wenn auch bescheidene – Kriegsflotte. Während der Regierungszeit von Afonso I. besiegte eine portu-

Oporto, das heutige Porto

giesische Flotte unter der Leitung von Kapitän Fuas Roupinho ein arabisches Geschwader am Cabo de Espichel, und Sancho I. der Besiedler beteiligte sich mit 40 kleineren Einheiten an der Eroberung des Algarve von den Arabern. Verschiedene Dokumente berichten uns über die Arbeiten der Schiffszimmermeister und Kalfater in der *Ribeira* (Schiffswerft) von Lissabon. Unter König Dinís dem Landwirt nahm die portugiesische Handels- und Kriegsflotte einen bedeutenden Aufschwung. Um die Einfuhr des teuren Schiffsholzes zu vermeiden, ordnete der König an, in der Umgebung der Stadt Leiria Fichten anzupflanzen. Dinís war es ebenfalls, der in Portugal den Titel Admiral einführte – ein Beweis mehr, daß er der portugiesischen Kriegsflotte große Bedeutung zumaß. 1317 erhielt der Genuese Micer Manuel Pessagno, der mit 20 Spezialisten für Galeerenbau in den Dienst des portugiesischen Königs getreten war, diesen Titel. Portugals Monarchen hatten genau erkannt, daß sie ohne Kriegsflotte den Arabern auf See nicht entgegentreten konnten. Daneben mußten die Portugiesen ebenfalls mit dem benachbarten Kastilien im Schiffsbau Schritt halten.

Zur Förderung der Handelsflotte gründete Fernão I. die *Companhia das Naus.* Als Vasco da Gama 1499 von seiner ersten Indienreise nach Lissabon zurückkehrte, bestanden bereits zwei wichtige Seerouten, die den iberischen Randstaat mit Europa verbanden. Die eine führte, mit einer Abzweigung in den Golf von Biscaya und nach Dieppe, in den Norden bis zu der bedeutenden Hansestadt Brügge, während die andere in Sevilla endete.

Ferner verfügten die Portugiesen über eine stattliche Fischereiflotte. Auch kleine Küstenorte wie Selir und Povoa de Paredes besaßen eine bestimmte Anzahl von Booten. Nach der Vertreibung der Araber aus dem Algarve wagten sich portugiesische Fischer sogar bis an die Küste Nordafrikas.

Die innenpolitische Lage

Die wirtschaftliche Abhängigkeit Portugals, besonders in der Einfuhr von Waffen und Getreide, wurde jedoch durch die innenpolitische Stärke und Entschlossenheit nahezu ausgeglichen. Die einzelnen Provinzen waren der absoluten Macht des Königs unterworfen. Der einzige nennenswerte Widerstand gegen die Politik des Monarchen kam aus den Reihen der hohen Geistlichkeit und des Adels. Dies resultierte aus dem Versuch des Herrschers, die Privilegien der Adligen kontinuierlich abzubauen – er selbst hatte sie ihnen zur Zeit der Reconquista des Algarve, als er auf ihre militärische Hilfe angewiesen war, gewährt. Durch diese Schenkungspolitik waren Adel und Klerus zu mächtig geworden; also mußte es notgedrungen zum Konflikt zwischen dem Königshaus einerseits und dem Adel und der Geistlichkeit andererseits kommen. Bis zur Machtübernahme des Hauses Avis unter João I. (1385) wurde diese verhängnisvolle Politik fortgesetzt. Falls die Grundherren den königlichen Erlassen zuwiderhandelten, konnte der König deren Grundrechte widerrufen. Wenn der Grundherr keinen rechtmäßigen Erben hatte, fiel sein Land an die Krone zurück. Bis João II. 1481 den Thron bestieg, verwalteten die Adligen ihre ausgedehnten Ländereien nach eigenem Gutdünken. Trotz dieser mächtigen Stellung des Adels gab es innerhalb des Königreiches jedoch kein politisch autonomes Territorium.

Die ausgedehnten Besitzungen der portugiesischen Kirche wurden durch hohe weltliche Kleriker und Ordensgeistliche verwaltet. Infolge ihrer ›Monopolstellung‹ in der Lehre und ihres großen Ansehens besonders bei der überaus gottesfürchtigen ländlichen Bevölkerung verfügte die Kirche über eine starke Autorität, die der König bei seinen Handlungen berücksichtigen mußte. Vor allem waren es die Mönche, die beim einfachen Volk Gehör fanden. Damit ihr Machtzuwachs jedoch nicht überhandnahm, regelte Pedro I. vor dem *Cortes* von Elvas den Ankauf von Grundstücken durch die Geistlichkeit. Gemäß diesen Beschlüssen durfte die Kirche nur mit Erlaubnis des Monarchen Land erwerben.

Eine innenpolitische Rolle spielten ebenfalls die militärischen oder paramilitärischen Orden, die während des Kampfes gegen die Araber den Kern des portugiesischen Heeres gebildet hatten. Sie waren dem König in seinem Kampf um die nationalstaatliche Einheit eine wertvolle und unentbehrliche Stütze gewesen, und ohne ihre Hilfe wäre die Reconquista möglicherweise erfolglos geblieben. Besonders der 1290 aus dem spanischen *Orden de Santiago de la Espada* entstandene *Orden Militar de São Tiago da Espada,* dessen eigentliche Aufgabe darin bestand, die nach Santiago de Compostela reisenden Pilger zu beschützen, war maßgeblich an der Befreiung des Algarve von den ›Ungläubigen‹ beteiligt. Aufgrund seines Verdienstes übte er wie auch der Zweig der Templer, der seit 1128 in Portugal ansässig und 1317 unter König Dinís unter dem Namen Orden der Christus-Ritter neu gegründet worden war, nun Einfluß auf die königlichen Entscheidungen aus. Weniger Bedeutung dagegen besaßen die beiden Orden der Johanniter und der Avis. Nach der Vertreibung der Araber ließen Disziplin und Kampfbereitschaft der Ritter allerdings merklich nach.

Die Gemeinden *(Conselhos),* die neben den Orden einen wichtigen Beitrag im Kampf gegen die Muslime geleistet hatten, verfügten am Vorabend der großen Entdeckungen nur noch über eine beschränkte Autonomie. Als wirtschaftlich schwache Gebilde waren sie außerstande, sich dem König und dem Adel gegenüber zu behaupten. Die soziale und politische Stellung des Einzelnen in den portugiesischen Gemeinden bestimmte sowohl die Herkunft als auch das Vermögen. Rang und Ehre waren vom materiellen Besitz abhängig. Nach diesem wurde die Bevölkerung in drei Klassen *(Vizinhos, Pedites* und *Peões)* unterschieden.

Als João I. Ende des 14. Jh. den nordwestlichen Teil Nordafrikas für seine zukünftigen Unternehmen entlang der westafrikanischen Küste und für die geplante Eroberung des Maghreb ins Auge faßte, hatte die portugiesische Armee eine Stärke von etwa 25 000 Mann. Davon entfielen ca. 5000 Soldaten auf die Kavallerie, der Rest bildete die Infanterie. Die unteren Bevölkerungsschichten stellten die Fußtruppen, während sich die Kavallerie aus dem Adel und den Orden rekrutierte. Denn Adel und Geistlichkeit lehnten es strikt ab, zu Fuß in den Kampf zu ziehen. Obwohl die Waffen teuer im Ausland gekauft werden mußten, war die portugiesische Armee gut ausgerüstet. Die oberste Befehlsgewalt besaß der König, der das Kommando jedoch auf den Infanten oder einen anderen Mann seines Vertrauens übertragen konnte (wie es 1385 in der Entscheidungsschlacht von Aljubarrota der Fall gewesen war).

Am Vorabend der überseeischen Expansion bot Portugal ein ethnographisch einheitliches Bild. Eine Ausnahme bildeten allerdings die Juden. Obwohl das königliche Schatzamt ihnen beträchtliche Summen verdankte, war ihre rechtliche Stellung alles andere als gesichert. In

Lissabon; Kupferstich aus den »Civitates Orbis Terrarum« von Georg Braun und Franz Hogenberg, 1572–1618

größeren Ortschaften durften sie nur in bestimmten Vierteln *(Judiarias)* wohnen, auch waren sie öffentlichen Beschimpfungen ausgesetzt. König João I., der den finanziellen Beitrag der Juden zum Ausbau des portugiesischen Staates schätzte, verbot seinen Untertanen durch den Erlaß vom 17. Juli 1392, die Juden zu belästigen. Unter Manuel I. (1495–1521) jedoch wurden alle besonderen Rechte durch die *Ordenações Manuelinas* aufgehoben. In bezug auf Gerichtsbarkeit unterstanden sie ausschließlich ihrem Großrabbiner *(Rabi Mor)*. Trotz mancher Schwierigkeiten, die ihnen die christlichen Portugiesen in ihrer Berufsausübung machten, lebten sie in relativem Wohlstand. Neben den freien Berufen – der Jude Moses war Joãos I. Leibarzt – widmeten sie sich hauptsächlich dem Handel, einer Tätigkeit, deren Ausübung dem Standesbewußtsein des Adels zuwiderlief.

Von diesem wirtschaftlich, militärisch und demographisch schwachen, innenpolitisch aber geeinten Randstaat Europas ging im 14. Jh. die Europäisierung der Welt aus. Die erste Etappe war Nordafrika, das die Portugiesen sozusagen als geographische Verlängerung ihres Landes ansahen.

Die Beweggründe für die portugiesische Expansion

Weder eine Überbevölkerung noch der Wunsch nach einer neuen Heimat – hervorgerufen durch politische oder religiöse Verfolgungen im Mutterland – gaben den Anstoß zur Europäisierung Afrikas und schließlich Asiens. Der wichtigste und hervorragendste Beweggrund für die

Expansion, auch wenn namhafte Historiker ihn als zweitrangig betrachten, war wirtschaftlicher Natur.

Im letzten Viertel des 14. Jh. fieberte das junge Königreich Portugal geradezu nach Gold. Im Gegensatz zu den Anrainerstaaten des östlichen Mittelmeeres, deren Vorräte an diesem Edelmetall aus arabischen und indischen Quellen gespeist wurden, litt das Land unter einer noch nie dagewesenen Goldknappheit. Obschon im Jahre 1380 der durch den Hundertjährigen Krieg zwischen England und Frankreich (1339–1453) bedingten Geldentwertung Einhalt geboten werden konnte, wurden nach 1383 in Portugal keine Goldmünzen mehr geprägt. Denn die Thronfolgekrise dieses Jahres (s. S. 23) und die daraus entstandenen sozialen und politischen Wirren hatten das Königreich in eine wirtschaftliche Notlage gebracht. Daß die Goldmünzen und -barren während dieser ökonomisch unbeständigen Zeiten von den Großgrundbesitzern und reichen Geschäftsleuten gehortet wurden, braucht nicht besonders hervorgehoben zu werden. Im Verlauf der nun folgenden 50 Jahre waren nur noch ausländische Gold- und Kupfermünzen im Umlauf. Während dieses halben Jahrhunderts hatten die portugiesischen Unternehmer kein Vertrauen mehr in das nationale Münzwesen. Der Wunsch der Handelsaristokratie nach dem Edelmetall als dem Inbegriff ökonomischer Sicherheit schlechthin sowie die Unentbehrlichkeit des gelben Metalls insbesondere für den langfristigen Zahlungsverkehr zwangen das Königreich, sich Gold aus dem nahen Maghreb zu beschaffen. Über lange Karawanenpisten gelangte das Edelmetall aus den damaligen Reichen von Melli (Mali), Futa-Djalon, Ghana (nicht zu verwechseln mit dem heutigen Ghana) und Tekru-Futa-Toro (alle im Westsudan gelegen) auf dem Rücken der Dromedare durch die endlose und gefährliche Sandwüste der Sahara in den Maghreb. Der jährliche Umsatz betrug 0,75 t. Die wichtige Handelsstraße, die von Timbuktu über Teghaza (Togaza), Sidjilmassa, Marrakech und Fès führte, endete in Ceuta. Wollte Portugal die Kontrolle des Sahara-Marktes übernehmen und seine Wirtschaft mit dem Gold aus dem westlichen Sudan beliefern, mußte es naturgemäß den Kampf gegen den Islam auf nordafrikanischem Boden fortführen. Das auf einer schmalen sich ins Alborán-Meer erstreckenden Halbinsel gelegene Ceuta, das der portugiesische Historiker Gomes Eanes de Zurara richtig als Schlüssel zum Mittelmeer erkannt hatte, war also das erste Ziel zur politischen und wirtschaftlichen Beherrschung des westlichen Maghreb. Diese Stadt galt zudem als bester Hafen Marokkos.

Parallel zur Goldknappheit, die sich zur selben Zeit in Aragonien, Navarra und im Bereich der norddeutschen Hanse bemerkbar machte, kam es in Portugal zu einem Mangel an Silber. Die zu Beginn des 14. Jh. vorhandenen reichen Vorräte des Edelmetalls begannen um das Jahr 1460 merklich zu schrumpfen. Mit Ausnahme von Böhmen, das von der verheerenden Pest der Jahre 1348–50 fast verschont geblieben war, ging die Silberförderung besonders in Ostdeutschland, dem traditionellen Lieferanten für die portugiesische Wirtschaft, kontinuierlich zurück. Der ›Schwarze Tod‹ und eine Hungersnot von bisher unbekanntem Ausmaß hatten große Teile der Bevölkerung in den Minenstädten der Hauptfördergebiete Europas hinweggerafft. Diesem Rückgang trat gleichzeitig eine verstärkte Nachfrage nach Silber als Zahlungsmittel entgegen. Während der gesamten Regierungszeit Joãos I. (1385–1433) prägte das königliche Schatzamt nur Billon-Münzen (Kippermünzen). Der Metallgehalt des Silbergeldes hatte sich bis 1436, als

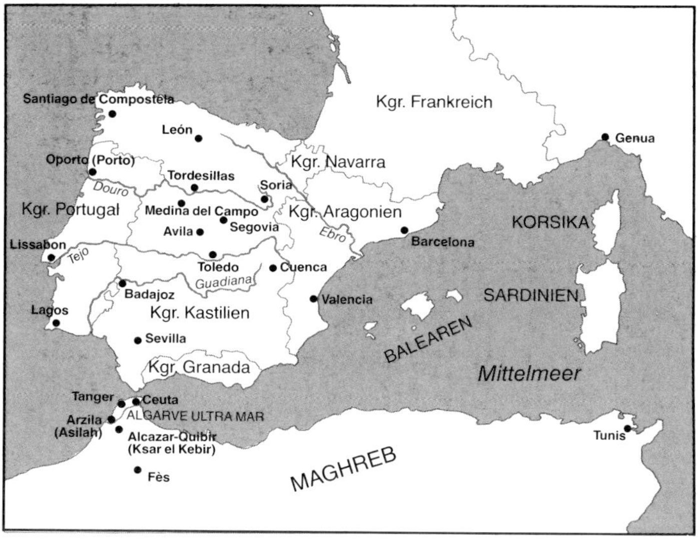

Portugal, seine Nachbarstaaten und Nordafrika um 1475

der portugiesische Seefahrer Afonso Gonçalves Baldaia die westafrikanische Küste bis zum Rio do Ouro erforschte, derart verschlechtert, daß der Wert des in diesem Jahr geprägten Billon zu dem des Jahres 1383 im Verhältnis 70 : 1 stand.

Das Getreidedefizit des portugiesischen Königreiches, bedingt durch die Landflucht im 13. Jh. (s. S. 25, 26), vergrößerte sich noch, als die Monarchen die Handels- und Kriegsmarine ausbauen ließen. Durch die Anhebung des Mannschaftsbestandes stieg die Nachfrage nach Schiffszwieback in bedeutendem Umfang. Um diesen Notstand zu beseitigen und das akute Ernährungsproblem endgültig zu lösen, faßte der portugiesische Hof den Entschluß, den arabischen Großhändlern die Kontrolle des Getreidemarktes in Marokko zu entreißen. Der Griff nach dem nordafrikanischen ›Brotkorb‹ konnte jedoch nur durch einen großangelegten Waffengang gelingen, denn es war klar, daß die arabisch-islamische Dynastie der Meriniden sich ihren wirtschaftlichen Trumpf nicht ohne einen harten Kampf nehmen lassen würde.

Während des gesamten Mittelalters war Zucker ein seltenes und teures Produkt. Der süße Stoff kam aus dem fernen Orient und dem östlichen Mittelmeerraum nach Venedig, von wo aus er über ganz Europa verteilt wurde. Sizilien, Valencia und Marokko galten als weitere Lieferanten. Bereits unter der Regierung von Dinís dem Landwirt (1279–1325) hatten portugiesische Bauern versucht, auf relativ kleinen Flächen die Kultivierung von Zuckerrohr voranzutreiben, um wenigstens den Inlandsbedarf zu decken. Die steigende Nachfrage zwang das junge Königreich jedoch, sich auch anderswo nach Anbauflächen umzusehen. Die traditionellen Produktionsgebiete von Ceuta, Tanger und der fruchtbaren Ebene von Sous im Senkungsgebiet zwischen Hohem und Anti-Atlas lagen für Portugals Ansprüche geographisch derart günstig, daß König João I. sie in seine Expansionspläne einbezog. Außer Marokko kamen Madeira sowie die Azoren als Lieferanten in Frage.

Der Plan des aufstrebenden Königreiches, die Zuckerindustrie auszubauen, erforderte außer dem Kapital für die technische Ausrüstung der Zuckermühlen ebenfalls billige Arbeitskräfte. In der überseeischen Conquista sahen die portugiesischen Herrscher eine Möglichkeit, nicht nur die dringend benötigten Anbauflächen zu erobern, sondern auch die Plantagen und Mühlen mit jenen preiswerten Arbeitskräften zu versorgen, die das Mutterland infolge seiner geringen Bevölkerungszahl nicht zur Verfügung stellen konnte. Außerdem waren schwarze Sklaven, die man bei der Erforschung der westafrikanischen Küste zu beschaffen hoffte, weit billiger als die Mauren, die man den Arabern für viel Geld abkaufen mußte; denn durch systematisch durchgeführte Razzien konnte man sich die teuren Zwischenhändler ersparen. Für Portugal selbst waren die Sklaven von Vorteil, weil sie in jenen Gewerbezweigen beschäftigt werden konnten, in denen der Lohn an den Arbeitgeber oder an den Meister zurückfiel.

Der strategisch und wirtschaftlich so interessante Maghreb besaß zusätzlich Bedeutung als Umschlagplatz für Kupfer und Salz. Schwarze Sklaven, männliche wie weibliche, förderten unter äußerst harten Arbeitsbedingungen das Kupfer vor allem in den Minen von Tekkada (Tegguida). Die genaue Lage dieser Minen war den Portugiesen jedoch niemals bekannt. Möglicherweise gehörten sie den Herrschern von Melli (Mali), das sich im 14. Jh. von der Senegal-Mündung bis zum östlichen Niger-Knie erstreckte. Als Heinrich der Seefahrer seine Expeditionen an die westafrikanische Küste entsandte, erlebte das Melli-Reich, das große Gewinne aus dem Transsahara-Handel gezogen hatte, seinen wirtschaftlichen Niedergang. Die Dynastie der Askia des Songhai-Reiches am Mittellauf des Niger-Flusses besetzte nun fast das gesamte Gebiet.

Handelswege durch die Sahara

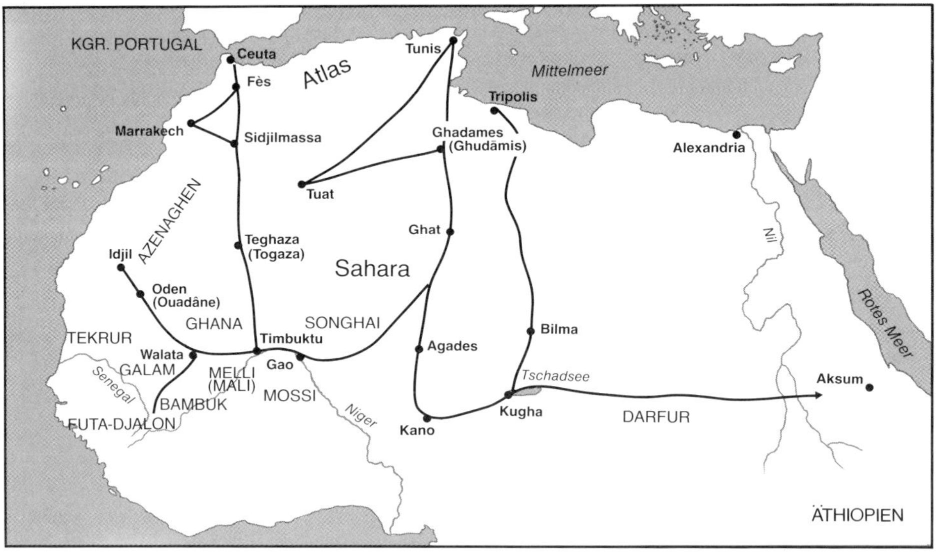

Tropische Pflanzen, zu sehen sind Kokospalmen, Bananen, Betelnußpalmen und Pfeffer; Stich von 1614

Aus den im Melli-Reich gewonnenen Kupferbarren wurden zum Teil an Ort und Stelle Münzen hergestellt, die zur Bezahlung der aus dem Maghreb importierten Waren dienten. Das Salz gelangte auf dem Rücken der Dromedare – ein Tier trug Barren von einem Gewicht bis zu 200 kg – über die wichtige Karawanenstraße Timbuktu – Marrakech in den Maghreb. Besonders bekannt waren die Salzminen von Teghaza (Togaza) und Igilde. Der arabische ›Globetrotter‹ Ibn Battuta hatte bereits im Jahre 1352 die Salzminen von Teghaza besucht und der Nachwelt berichtet, daß in ständig regenlosen Gebieten des Melli-Reiches sogar Häuser aus Salzblöcken gebaut wurden.

Neben den Edelmetallen, Getreide und Zucker benötigte Portugal Tierhäute für seine Industrie, Leder für seine Schuhfabriken und Saffiangerbereien, Gummilack zum Walken der Seide in den Färbereien, außerdem Indigo, Färberwaid, Karmin (Cochenille-Farbstoff), Brasilholz sowie Harz des Drachenbaumes, das sogenannte ›Drachenblut‹. Diese Rohstoffe wurden zur Zeit der überseeischen Expansion Portugals bereits in den Handelsrepubliken Nord- und Mittelitaliens weiterverarbeitet und erst dann auf dem europäischen Markt angeboten. Durch kontinuierliche Vorstöße nach Übersee hoffte das junge Königreich, diese seltenen und teuren Rohstoffe direkt vom Erzeuger beziehen zu können.

Nicht zuletzt spielten auch die Gewürze für die portugiesische Expansion eine Rolle. Zum Würzen der Speisen wie auch zu medizinischen und kosmetischen Zwecken begehrt, galten die kostbaren exotischen Spezereien als Statussymbole. Ihr hoher Preis, vor allem bedingt durch den langen und umständlichen Transport über Land sowie durch das arabisch-venezianische Handelsmonopol, war den Monarchen ein Anlaß, die Ursprungsländer der Gewürze aufzusuchen. Mit dem immensen Gewinn, den der Gewürzhandel mit sich bringen würde, hoffte das Königreich, seine Finanzkrise zu bewältigen.

Die Besetzung des Maghreb war, wie bereits erwähnt, der erste Schritt in der Expansionspolitik des portugiesischen Königreiches. Von Marokko aus gedachten Portugals Könige nicht nur an die westafrikanische Küste, sondern auch nach Tunesien, ja sogar bis nach Ägypten vorzustoßen. An strategischer Phantasie dürfte es ihnen nicht gefehlt haben. Zunächst wollte man sogar ganz Marokko besetzen, doch sahen die königlichen Planer bald ein, daß ihnen die militärischen Mittel fehlten. So mußte sich Portugal damit begnügen, einige wichtige Hafen- und Umschlagplätze, an denen die Fäden der politischen und wirtschaftlichen Macht zusammenliefen, einzunehmen.

Der ökonomische Aspekt der Expansion hatte noch eine weitere Seite: Die Stagnation der portugiesischen Wirtschaft im letzten Viertel des 14. Jh. zog eine fortwährende Geldentwertung nach sich, die allen, welche über feste Einnahmen verfügten, finanziell schwer schadete. Diese

Tunis im Jahre 1535; Kupferstich aus den »Civitates Orbis Terrarum« von Georg Braun und Franz Hogenberg, 1572–1618

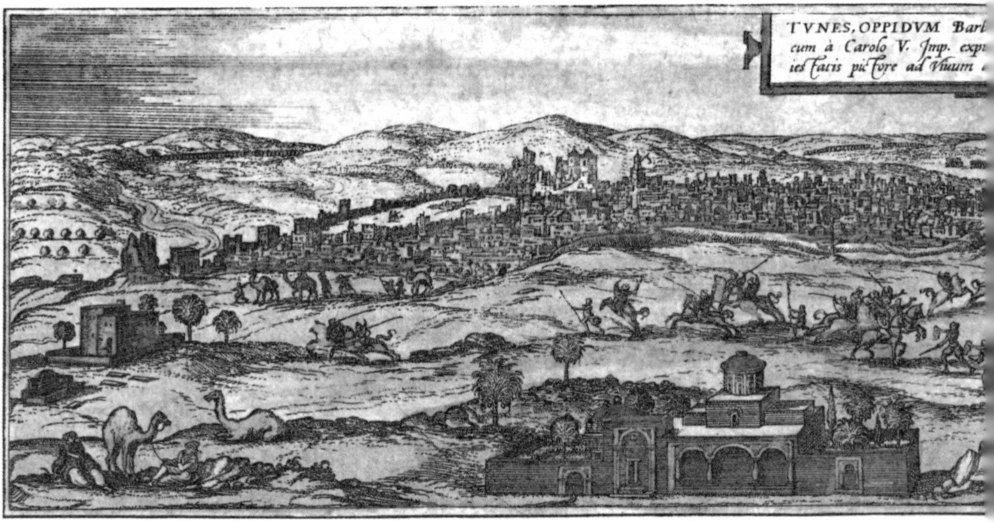

Einkommen, vorwiegend Pachteinnahmen aus Ländereien, verloren ständig an Kaufkraft. Eine Erhöhung der ohnehin sehr hohen Pachtsätze kam jedoch nicht in Frage. Sie wäre nicht nur für die Pächter untragbar gewesen, sondern hätte auch den Zusammenbruch des gesamten Pachtsystems verursacht. Weil eine Vergrößerung ihres Landbesitzes im Mutterland unmöglich war, betrachteten die Grundeigentümer die Conquista als ideale Alternative, um neue Ländereien zu erwerben.

Die monetäre Unterversorgung der portugiesischen Wirtschaft war die Hauptursache der nationalen Geldkrise. Eine Lösung des Problems sah das handeltreibende Großbürgertum in der überseeischen Expansion, welche die stagnierende Wirtschaft wieder beleben sollte. Manche Festbesoldete, die Beamten etwa, hofften, durch einen lukrativen Posten in der zukünftigen Kolonialverwaltung der wirtschaftlichen Flaute zu entgehen.

Während die überseeische Expansion dem portugiesischen Großbürgertum wirtschaftliche Macht und Reichtum brachte, bedeutete sie für den Adel des 15. Jh. politischen Ruhm sowie Ehre. Seit der Wiedereroberung Südportugals und einiger blutiger Auseinandersetzungen mit Kastilien, die 1385 mit der Entscheidungsschlacht von Aljubarrota endeten, hatten die *Fidalgos* ihr militärisches Betätigungsfeld verloren und waren sozusagen arbeitslos geworden. Nun lenkte sie der Drang nach neuen Waffengängen in Portugiesisch-Übersee von unbesonnenen Aktionen gegen den Monarchen ab.

Für die Person des Königs bedeutete die Conquista einen beträchtlichen Zuwachs an nationalem Prestige. Ferner hatte der Herrscher nun Gelegenheit, unbequeme Untertanen in die neuentdeckten bzw. eroberten Gebiete abzuschieben. So war Brasilien, bevor es zu Portugals

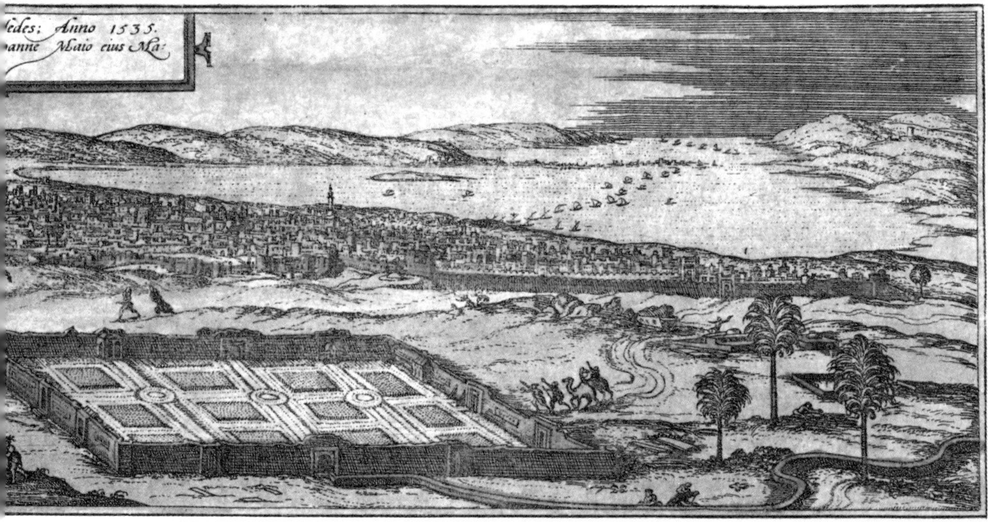

bedeutendster Wirtschaftskolonie aufstieg, ein ›Reservat‹ für Kriminelle und politische Freigeister.

Die katholische Kirche sah in der Expansion eine Erweiterung ihres missionarischen und geistlichen Betätigungsfeldes sowie auch ihres politischen Prestiges. Bei jedem überseeischen Unternehmen Portugals – und später auch Kastiliens – spielte der religiöse Machtfaktor eine Rolle.

Wirtschaftliche Interessen, ja sogar wirtschaftliche Notwendigkeiten, gepaart mit machtpolitischen und nicht zuletzt religiösen Faktoren, waren die Gründe für Portugals Expansion nach Übersee, in deren Verlauf sich das ökonomische, politische und religiöse Gesicht des kleinen westeuropäischen Randstaates grundlegend veränderte.

Die technischen Voraussetzungen der Entdeckungsfahrten

Die Karavelle

Die frühen Pläne der Genuesen und Katalanen, entlang der westafrikanischen Küste nach Süden zu fahren, um den arabischen Transithandel an sich zu ziehen und am Orientgeschäft teilzunehmen, waren schon aus technischen Gründen zum Scheitern verurteilt. Beide Staaten benutzten Galeeren oder Galeassen – eine größere Variante der Galeere. Mit einer Wasserverdrängung von 200–280 t konnten diese schmalen, niedrigen Zweimaster zwar problemlos das Mittelmeer befahren, waren aber für den offenen, manchmal sehr stürmischen Atlantik ungeeignet. Erst die Konstruktion eines neuartigen Schiffstyps, der Karavelle, ermöglichte den Portugiesen, um die Südspitze Afrikas herum bis nach Indien vorzudringen und auch die Rückfahrt zu bewältigen.

Bis zum Beginn des 15. Jh. war die portugiesische Marine mit zwei Schiffstypen ausgerüstet: der *Barrinel,* einem Schiff mit Rudern und Lateinsegeln, und der dreimastigen *Barca* (nicht zu verwechseln mit dem gleichnamigen Flußschiff). Die Barca verdrängte in der Regel 30–50 t Wasser und eignete sich für eine bequeme Fahrt entlang der westafrikanischen Küste mit ihrer unbedeutenden Meeresströmung. 1434 umfuhr Gil Eanes das Cabo Bojador mit einem solchen Schiff. Dieses Kap, auch ›Kap der Angst‹ genannt, hatte in den damaligen Seemannskreisen als das Ende Westafrikas und als unumschiffbar gegolten. Nun war diese psychologische Mauer durchbrochen, und der Weg nach Guinea lag frei. Doch es trat ein Problem auf, dessen Lösung für die portugiesischen Seefahrer von Dringlichkeit war: Je weiter sich die Schiffe in Richtung Südafrika wagten, desto schwieriger wurde die Rückfahrt. Weil südlich des Cabo Bojador nordwestliche Winde vorherrschen, mußten die Seefahrer die ganze Fahrt mit Gegenwind segeln. Durch diesen Zeitverlust gingen die Lebensmittelvorräte zur Neige, und auf der langsamen Barca wuchs die Gefahr des Hungertodes. Bis zum Cabo Bojador war es noch möglich, Proviant und Trinkwasser an der westafrikanischen Küste aufzunehmen. Nach diesem Vorgebirge aber

Galeere; Kupferstich, um 1680

beginnt die unwirtliche und menschenfeindliche Sahara, wo es weder Proviant noch Wasser gibt. Keine Barca war imstande, dichter als 67° an den Wind anzuluven. Zwar hatte die Barrinel Ruder, um sich schneller fortzubewegen, doch die Hitze vor der Saharaküste machte diese zusätzliche Antriebskraft fast völlig zunichte. Es war also für die portugiesischen Seefahrer unumgänglich, ein größeres, schnelleres und vor allem ein seetüchtigeres Schiff zu bauen, das alle anderen übertraf, die bislang in Diensten standen.

Galeasse; Kupferstich, um 1680

Barca unter vollen Segeln; Kupferstich, um 1680

Um 1430 waren zwei Schiffstypen auf dem Mittelmeer in Gebrauch: Die kleine *Dau* mit Lateinsegeln bewältigte schon seit Jahrhunderten den Warentransport vor der ägyptischen Küste. In Tunesien hieß sie *Caravo,* und manche dieser Caravos waren imstande, bis zu 30 Mann und 70 Pferde zu transportieren. Sie übertrafen somit die Durchschnittsgröße der damaligen Transportschiffe, die bei 13,50 m Länge und 2,70 m Breite lag.

Ein ähnliches Schiff, jedoch kleiner als die Dau und die Caravo, bewerkstelligte den Transport auf dem nordportugiesischen Fluß Douro: Es hieß *Caravela (Caravo* und die Verkleinerungsendung *-ela).* Diesen Namen finden wir erstmals im Jahre 1255 in einem Freibrief, den die Ortschaft Vila Nova de Gaia, der am Flußufer gelegene Stadtteil von Oporto (Porto), erhielt. Im 13. Jh. wurden die entlang der portugiesischen Küste eingesetzten Fischerboote und später die kleinen Handelsschiffe Caravela genannt, eine Bezeichnung, welche die Portugiesen von den Bretonen übernommen hatten. Sowohl die Portugiesen als auch die Kastilier gebrauchten den Namen Caravela für rahgetakelte Schiffe. Der Ursprung dieses Schiffstyps läßt sich historisch also nicht nachweisen.

Nach eingehender Beratung durch seine Mitarbeiter gab Heinrich der Seefahrer, der die portugiesischen Expeditionen zu Beginn des 15. Jh. leitete, seinen Konstrukteuren den Auftrag, einen Schiffstyp mit der Manövrierfähigkeit der Caravela und der Transportfähigkeit der Caravo zu entwickeln. Diese technologische Kombination ergab die berühmte Karavelle, das Schiff, mit dem Diogo Cão, Bartolomeu Dias und Vasco da Gama ihre großen historischen Entdeckungsfahrten durchführten und mit dem die Portugiesen ein Jahrhundert lang ihre kostbaren Gewürzladungen von den Molukken bis nach Lissabon über eine Distanz von mehr als 15 000 Seemeilen transportierten.

Die zur Zeit Heinrichs des Seefahrers konstruierten Karavellen besaßen zwei oder drei Masten und hatten ausschließlich Lateinsegel. Durch die Vergrößerung der Segelfläche erhöhte sich sowohl die Geschwindigkeit als auch die Manövrierfähigkeit der Schiffe. Form und Stellung der Lateinsegel machten es den Karavellen möglich, härter am Wind zu segeln. Hatte keines der Schiffe bei den Erkundungsfahrten entlang der westafrikanischen Küste dichter als 67° an den Wind anluven können, verkleinerte sich der Winkel jetzt auf 55°. Dieser Unterschied von 12° hatte bei einer Reise von mehreren hundert Seemeilen zur Folge, daß die Mannschaft einige Wochen gewann und so die Rückreise bewältigen konnte, ohne daß ihr der Proviant ausging. Dies war nicht nur ein technischer, sondern auch ein psychologischer Erfolg. Aufgrund ihres geringen Tiefgangs hatte die Karavelle außerdem den Vorteil, daß sie in den noch unbekannten Küstengewässern Afrikas und Asiens verhältnismäßig gefahrlos manövrieren konnte. Zu ihrer besonderen technischen Ausrüstung gehörte ein Steuerruder mit Welle. Charakteristisch für die Form des Schiffes war der hohe Aufbau auf dem Achterdeck, während der vordere Schiffsteil nur wenig erhöht war. Die Besatzung schlief an Deck der meist ganz geschlossenen Karavelle; nur bei stürmischem Wetter wechselte sie in den Schiffsbauch – Komfort im heutigen Sinn gab es nicht.

Zu einer Serienproduktion dieses so wichtigen Schiffstyps ist es nie gekommen. Länge, Breite und die Zahl der Besatzungsmitglieder, die allerdings kaum 20 Mann überstieg, änderten sich von Schiff zu Schiff. Die Karavellen, die zur Zeit Manuels des Glücklichen (1495–1521) die Gewürzroute befuhren, waren größer als die zur Zeit Heinrichs des Seefahrers. Sie besaßen vorn einen vierten Masten mit Rahsegel und hatten in der Regel eine Wasserverdrängung von ca. 150 t – Vasco da Gamas Flaggschiff verdrängte bei einer Breite von ca. 8,5 m und einer Länge von ca. 25,6 m sogar etwa 178 t. Nach ihrem Aussehen wurden diese Schiffe *Caravelas redondas,* ›runde Karavellen‹, genannt.

Als die Portugiesen nach der Umsegelung des ›Kaps der Stürme‹ in den feindlichen arabisch-indischen Wirtschaftsraum vorstießen, galt es, die Schiffsartillerie der Karavelle zu verstärken. Vorderkastell und Achterdeck wurden mit Kanonen ausgerüstet, so daß sich die Feuerkraft der Bordgeschütze beträchtlich erhöhte. Das Halbdeck bestückte man zusätzlich mit leichter Artillerie.

Zum Anlege- und Handelsstützpunkt, vor allem zum Schiffsbauzentrum Portugals wurde

Karavelle im Zeichen des Christus-Ordens; der Christus-Orden war zeitweilig identisch mit dem Avis-Orden, der unter Heinrich dem Seefahrer die portugiesischen Entdeckungsfahrten förderte

Auf einer portugiesischen Schiffswerft

Lagos ausgebaut. Der König selbst hatte das Pinienholz, das zum Bau der Karavellen diente, unter seinen Schutz gestellt. Das Harz der Pinienbäume brauchte man zum Kalfatern. Das Eichenholz für die Schiffskiele kam aus dem Alentejo, der damals bereits 30% der Gesamtfläche des Königreiches umfaßte. Segel und Taue dagegen wurden in Lagos selbst hergestellt.

Die nautischen Instrumente

In bezug auf die Navigationstechniken konnten Heinrich der Seefahrer und seine Kapitäne auf die bereits vorhandenen Instrumente zurückgreifen. Bereits Anfang des 14. Jh. segelten portugiesische Handelsschiffe von Lissabon nach Oporto (Porto) und von dort nach Südengland und den Niederlanden. Den Seefahrern standen mündliche Informationen über die Beschaffenheit der Gewässer vor den Küsten und in den Häfen zur Verfügung, außerdem die Logleine zur Tiefen- und Geschwindigkeitsmessung und gegißte Bestecke zur Schätzung der zurückgelegten Entfernung.

Neben der Wassertiefe wurde auch die Geschwindigkeit des Schiffes mit der Logleine gemessen. Hatten die Matrosen früher am Bug des Schiffes ein Holzstückchen ins Wasser geworfen und seinen Weg bis zum Heck zeitlich genau berechnet, kam man in Seefahrerkreisen schließlich auf den nützlichen Gedanken, das Holzstückchen an einer Leine, der Logleine, zu befestigen, an der sich in regelmäßigen Abständen Knoten befanden. Die Geschwindigkeit, mit der die Knoten dem die Logleine haltenden Matrosen durch die Finger glitten, stellte nun die Geschwindigkeit des Schiffes in ›Knoten‹ dar. Die wirksame Benutzung der Logleine erforderte allerdings eine genaue Zeitabschätzung.

Reiche Bürger besaßen zwar bereits Uhren, doch waren diese zum Gebrauch auf den Schiffen viel zu empfindlich, vor allem auch viel zu teuer. In der Regel maßen die Seeleute die Zeit mit dem Stundenglas, das allerdings leicht zerbrechlich war. Alle Stundengläser, die auf den portugiesischen Karavellen benutzt wurden, stammten aus den Glasmanufakturen von Venedig. Sie waren so konstruiert, daß der Sand aus der oberen in die untere Hälfte rann. Alsdann mußte der Schiffsjunge das Stundenglas umdrehen, und der Vorgang begann von neuem. Die so gemessene Zeit wurde einmal am Tag kontrolliert. Dazu stach der Kapitän eine Nadel in die Mitte der Kompaßrose ein und drehte das Stundenglas in dem Moment um, in dem der Schatten der Nadel nach Norden fiel. 48 Glas später wiederholte man das Procedere. Jeden bedeutenden Fehler in der Zeitmessung schrieb man dem Umstand zu, daß das Schiff eine erhebliche Entfernung nach Osten oder Westen zurückgelegt, die stürmische See das Rinnen des Sandes behindert und verlangsamt oder sich das Glas erwärmt hatte. Denn wenn das dünne Glas warm wurde, dehnte es sich aus, und der Sand floß schneller hindurch. Manch ein Schiffsjunge kam auf den Gedanken, das Stundenglas zu erhitzen und sich so seine langweilige Wacht zu verkürzen; doch dafür drohten ihm harte Strafen.

Wann der wichtige Wegweiser über die See, der Kompaß, erstmals auf europäischen Schiffen eingesetzt wurde, ist nicht genau feststellbar. Nach einer bereits langen Entwicklungsphase dürfte er im frühen Mittelalter mit den Arabern aus China in den Mittelmeerraum gekommen sein. Die chinesischen Historiker behaupten, daß ihre Landsleute den Kompaß bereits im 3. Jh. n. Chr. erfunden hatten: Vorn an den schweren, knarrenden Yak-Karren waren kleine Figuren angebracht, deren magnetische, ausgestreckte Arme stets nach Norden oder Süden wiesen. So steuerten sie die Fuhrwerke durch die Wüste Gobi. Die Tatsache, daß sich eine frei schwimmende, magnetische Nadel immer in Nord-Süd-Richtung einstellt, blieb den Nautikern in Europa nicht lange verborgen. Gemäß einer Überlieferung wurden Handelsschiffe der italienischen Seerepublik Amalfi bereits im 11. Jh. mit Kompassen ausgerüstet. Aus dem Jahre 1187 stammt eine Beschreibung des nautischen Hilfsmittels aus der Feder des englischen Mönchs Alexander Neckham, der vermutlich während seiner Studien in Paris von diesem Instrument gehört hatte. Allerdings lastete die mittelalterliche Gesellschaft dem natürlichen Magneten ›Machenschaften‹ an. Die locker gelagerte Nadel, die den Magnetstein zum Rotieren brachte, sollte die okkulte Kraft besitzen,

Navigationsinstrumente; Miniatur aus der Bilderhandschrift des Berthold Holtzschuher, 1558

Kompaß; Holzschnitt, um 1550

Krankheiten zu heilen, Schwangerschaften zu verhüten und sogar treulose Frauen zum Bekenntnis ihrer ›Sünden‹ zu zwingen. So versteht man, daß sich manche Kapitäne nur im Geheimen auf dieses ›Instrument des Satans‹ stützten, da sie nicht in Verdacht geraten wollten, der Teufelei oder der Schwarzen Magie zu huldigen. Doch gegen Ende des 14. Jh. gehörte die ›Segelnadel‹, wie die Kompasse damals bezeichnet wurden, zur Standardausrüstung zahlreicher englischer Schiffe. Der Kompaß machte auch die Verfeinerung der bisher in acht Richtungen unterteilten Windrose möglich. Eine 1285 datierte Seekarte weist eine Einteilung des Horizontes in 64 Striche auf. Einige Jahre später wurde die noch heute gebräuchliche Windrose eingeführt, indem man die Hauptwinde halbierte und vierteilte. Der Beitrag Heinrichs des Seefahrers zur Handhabung dieses wichtigen nautischen Instrumentes lag darin, daß er die unsinnige Behauptung, der Kompaß sei ein ›Werk des Teufels‹, schroff ins Reich der Fabeln verwies.

Je tiefer Heinrichs Kapitäne entlang der westafrikanischen Küste ins ›Meer der Finsternis‹ vorstießen, desto dringender wurde die genaue Breitenbestimmung für sie. Kompaß, Stundenglas, gegißtes Besteck und das Sichten von Land reichten nicht mehr aus, um noch weiter in den geographisch völlig unbekannten Süden vorzudringen. Das nautische Instrument, das dieses heikle Problem löste, war das Astrolabium (griechisch ›Sternerfasser‹), für das es mehr als tausend Anwendungsmöglichkeiten gegeben haben soll. Bereits Ptolemäus bekannt, vervollkommneten die Araber das Astrolabium im 9. Jh., und seit dem 10. Jh. stand es auch europäischen Seefahrern zur Verfügung. Mit seiner Hilfe konnten sie astronomisch-geographische Berechnungen vornehmen. In der Mitte befand sich die *Alhidade,* eine Visiereinrichtung, mit der man den Stand der Sonne und der Sterne bestimmte. Das Gerät hatte allerdings den Nachteil, daß es für den Gebrauch auf hoher See zu empfindlich und zu kostspielig war. Hier kam nun wiederum der Erfindergeist eines unbekannten Instrumentenbauers zum Tragen: Die Seefahrer benötigten ein Gerät zur Messung des Winkels, den die Sonne mit dem Horizont bildet, um den südlichen Breitengrad abschätzen zu können, den die Karavelle erreicht hatte. Um 1441 tauchte dann die vereinfachte Version des Astrolabiums in Form eines Kreuzes auf, die *Balestilha,* die den Kapitänen wertvolle Dienste leisten sollte. Es handelte sich um einen kurzen Stab, an dem ein bewegliches Querstück rechtwinkelig angebracht war. Derjenige, der die Balestilha auf der Karavelle handhabte, mußte den Stab so zwischen die Sonne und den Horizont halten, daß das Querstück von der Sonne oben bis zum Horizont unten eine gerade Linie bildete. Jetzt war es möglich, die Entfernung zwischen dem Querstück und dem Stabende in Graden zu messen, aus denen dann die geographische Breite errechnet werden konnte. Heinrich verpflichtete alle Seefahrer, die in seinem Auftrag in Richtung Südafrika fuhren, wo immer sich die Gelegenheit ergab, von Land aus Messungen anhand der Balestilha vorzunehmen, weil die schaukelnde Karavelle keine exakte Messung zuließ.

Auch der Jakobsstab, wahrscheinlich durch den Instrumentenbauer Jakob ben Mahir im Jahre 1300 erstmals konstruiert, war ein vereinfachtes Astrolabium, das 1342 durch den jüdischen Gelehrten Levi Gerson bekannt, aber erst 1510 in der portugiesischen Marine eingeführt wurde. Es handelte sich um einen in Grade eingeteilten Stab mit einem beweglichen Visier im rechten Winkel. Dieses konnte entlang des Stabes hin und her geschoben werden, bis der Benutzer an einem Ende des Stabes den Horizont, am anderen die Sonne fixiert hatte.

Ein anderes Navigationshilfsmittel, der Hinterstab, diente ebenfalls zum Messen des Sonnenstandes. Mit diesem Instrument konnte der Winkel dadurch festgestellt werden, daß ein Visier längs des Stabes so lange hin und her bewegt wurde, bis die Spitze einen Schatten auf das Visier am vorderen Ende des Hinterstabes warf. Dabei mußte man mit dem Rücken zur Sonne stehen.

Neben den oben genannten Instrumenten stand den Seefahrern der Quadrant zur Verfügung. Doch erst 1456, vier Jahre vor dem Ableben des Prinzen, wagte ein portugiesischer Kapitän das Gerät einzusetzen. Die meisten verließen sich lieber auf die mitreisenden Astrologen, die noch bis Ende des 15. Jh. als ›gefürchtete Zauberer‹ und ›Wahrheitsverkünder‹ galten. Die Anleitung zum Gebrauch des Instruments lieferte der in Lissabon arbeitende Wissenschaftler Valentin Fernandes: Der Beobachter peilte den Stern durch einen gelochten Stab oder zwei kurze Stabstücke an einer Seite des Quadranten an. Das Lot, das im inneren Winkel befestigt war, zeigte nun den Höhenwinkel des Gestirns auf der Gradeinteilung des Kreisbogens an. Markierte der Beobachter die Skala an der Stelle, so brauchte der Kapitän, wenn ein bestimmter Ort

Bestimmung des Schiffskurses nach den Gestirnen: ein Matrose mißt mit dem Astrolabium, ein anderer benutzt die Balestilha; Holzschnitt, um 1580

Astrolabium aus der Zeit um 1500

angesteuert werden sollte, nur so weit zu segeln, bis bei Sternbeobachtungen das Lot des Quadranten über die vorher gekennzeichnete Stelle auf der Skala fiel.

Die Kartographie

Als die portugiesischen Entdecker längs der westafrikanischen Küste immer weiter in den Süden vordrangen, begann Heinrich der Seefahrer, die bisher existierenden Karten intensiv zu studieren, um den Expeditionen eine größere Sicherheit zu gewährleisten. In der *Vila do Infante* zu Sagres schuf er eine sachliche Arbeitsatmosphäre, frei von allen mittelalterlich-theologischen Theorien.

Viele der mittelalterlichen Karten waren nur Phantasiegebilde ihrer Produzenten. Außerhalb der bekannten Welt zeigten sie eine riesige Wasserfläche mit einigen fiktiven Inselgruppen, auf denen Riesenechsen und furchterregende Figuren, halb Mensch, halb Tier, lebten. Ihr Zweck bestand vor allem darin, die Seefahrer von unbesonnenen Fahrten ins unbekannte Weltmeer abzuhalten. Doch es gab auch Karten, die nach wissenschaftlichen und empirischen Gesichtspunkten entstanden waren. Diese ließen fast alle einen starken ptolemäischen und islamisch-arabischen Einfluß erkennen. Ptolemäus hatte zwar angenommen, daß die Erde rund sei, doch hatte er einen Seeweg um Afrika herum nicht in Betracht gezogen. Seine kartographische Vorstellung schloß einen Ozean, der Südafrika umspült, völlig aus; für ihn war der Kontinent im Süden mit einer gewaltigen Landmasse verbunden. Der islamisch-arabische Kartograph und

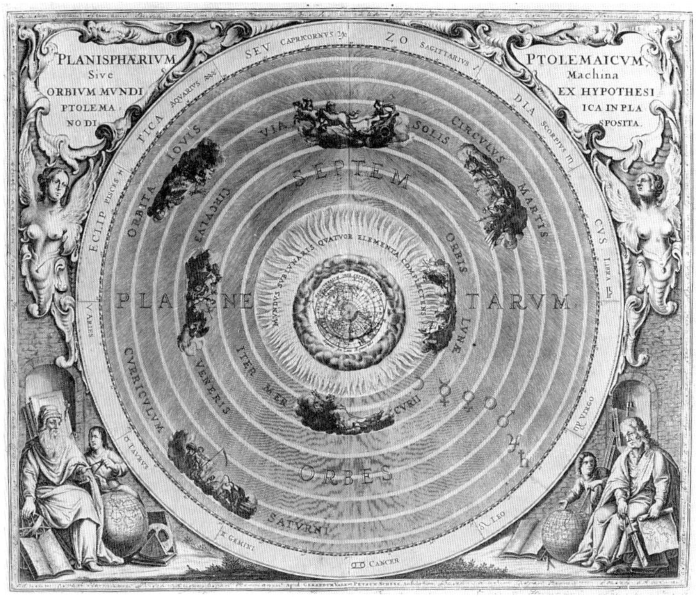

Das Weltbild des Ptolemäus; Nachdruck von 1710 aus der »Harmonia Macrocosmica« des Andreas Celarius, 1660

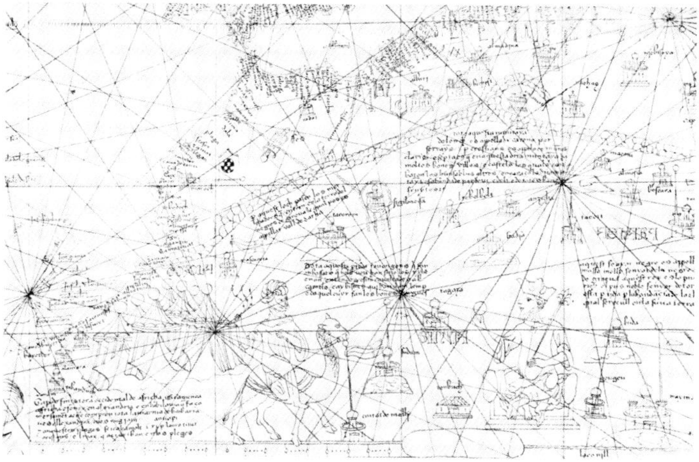

Nordwestafrika nach dem »Katalanischen Atlas« von Abraham Cresques, 1375–77

Gelehrte Abul Hassan Ali Massudi, der im 10. Jh. lebte, war jedoch anderer Meinung. Er nahm an, daß es eine Wasserstraße zwischen Südafrika und der ›nebelhaften‹ Landmasse im tiefen Süden geben müsse, und stützte sich dabei auf die Aussagen der arabischen Seefahrer und Kaufleute, die bereits im 9. Jh. Afrika umschifft haben sollen. Kurz bevor Heinrich der Seefahrer 1416 einen Mann seines Vertrauens, Gonçalo Velho, damit beauftragte, in Richtung Kanaren vorzustoßen, hatte sich der wissensbegierige Prinz mit Massudis kartographischen Gedanken auseinandergesetzt und war zu dem Schluß gekommen, daß der arabische Gelehrte logischerweise recht hatte.

Der venezianische Entdecker Alvise da Cadamosto, der sich des öfteren in der *Vila do Infante* aufhielt, berichtet uns, daß der fürstliche Akademiker mit besonderem Eifer die italienischen und katalanischen Portulane studierte, ging es ihm doch darum, die westafrikanische Küste in Richtung Süden geographisch genau zu erforschen. Einen besonderen Gefallen fand der Prinz an der Seekarte des Venezianers Marino Sanudo, der bereits im Jahre 1306 den Versuch unternommen hatte, die venezianischen Vorstellungen von der Westküste Afrikas geographisch wiederzugeben. Wohl zeigte Sanudos Karte bereits einen Seeweg um Südafrika herum, doch beruhte diese Angabe nur auf einer Annahme.

Des weiteren war Heinrich die Seekarte des Venezianers Laurentio aus dem Jahre 1351 bekannt. Laurentio hatte sich bei der Projektion seiner Karte auf die Berichte erfahrener und ihm persönlich bekannter Seefahrer gestützt und die Küstenlinie an der Nordwestküste Afrikas weiter südwärts verlängert, wobei er ziemlich genau geschätzt hatte, wie sich später herausstellte. Denn auf Laurentios Karte springt die Küstenlinie zum Golf von Guinea zurück.

Ohne Zweifel kannte der Prinz auch die Karten der venezianischen Brüder Pizzignani von 1387, des Camaldolese-Konvents von Murano und des Andrea Bianco, denn diese zeichneten die Seereisen der bekannten Seefahrer auf und entsprangen somit der praktischen Geographie, deren Entwicklung damals noch am Anfang stand.

Die wertvollste Karte aber war der »Katalanische Atlas« von 1375 des Abraham Cresques. Diese Seekarte gibt die westsudanesische Sahararegion mit ihren Hauptkarawanenstraßen, die von Timbuktu über Teghaza (Togaza) nach Marrakech und Oran sowie von Gao über Ghat und Ghadames (Ghudāmis) nach Tunis führten, erstaunlicherweise exakt wieder. Außerdem zeigt sie die katalanischen Entdeckungsfahrten von 1346 an den ›Guinea-Goldfluß‹ auf (s. S. 17, 18).

Heinrichs Bruder, Prinz Pedro, bereiste zwischen 1419 und 1428 zahlreiche europäische Länder. Vor allem aber weilte er in den renommierten Bibliotheken der Stadt Rom, wo er des öfteren Gast des Papstes Martin V. war. Martin war einer der wenigen Päpste des 15. Jh., die vorbildlich und einfach lebten und ihren Nachfolgern geordnete Verhältnisse im Kirchenstaat hinterließen. Als ein Mann der Wissenschaften verfügte er über eine ansehnliche Zahl von Seekarten, die Pedro gründlich studierte und deren Ergebnisse er seinem Bruder übermittelte. Des weiteren brachte Pedro ein Exemplar von Marco Polos Bericht über das ›Reich der Mitte‹ mit nach Sagres, der Anfang des 14. Jh. eine große Aufregung im Abendland verursacht hatte. War Polo nur ein Blender und Großtuer, oder entsprachen seine Angaben den Tatsachen? Doch der Inhalt dieser Schrift scheint Heinrich überzeugt zu haben, denn er nahm sich des längst vergessenen Asiens wieder an.

Kurz vor seinem Tod ließ Heinrich der Seefahrer unter der Leitung des wissenschaftlich ausgebildeten Dogen Pasquale Malipierto am Camaldolese-Konvent zu Murano eine Karte zeichnen, die auf den Berichten und Notizen der portugiesischen Entdecker beruhte. Sie zeigt an der Südspitze Afrikas ein Vorgebirge und eine dreieckige Insel, ›Cavo di Diab‹ genannt. Diese Bezeichnung geht auf den Bericht eines indischen Dschunkenkapitäns zurück, der das Kap von Osten her umrundet haben soll, um nach noch unbekannten Inseln im Südatlantik zu suchen.

Prinz Heinrichs Verdienst für die Kartographie besteht ohne Zweifel darin, daß er und seine kosmopolitische Mannschaft die Aufmerksamkeit auf die wirklichkeitsgetreuen Seekarten und Entdeckungsberichte lenkten. Er und seine Mitarbeiter, zu denen neben dem damals wohl berühmtesten Kartographen Europas, Jaime Ribes (mit jüdischem Namen Jafuda Cresques), arabische, italienische sowie jüdische Astronomen und Mathematiker zählten, verwarfen die theologischen Theorien, die den kirchlich-mittelalterlichen Karten zugrunde lagen. Sie lehnten den irreführenden religiösen Aberglauben, der in der Kartographie noch immer seine Blüten trieb, gemäß dem Motto »es ist Wissen, aus dem alles Gute kommt« rundweg ab.

Obwohl die portugiesischen Seefahrer im Jahre 1460, als Heinrich das Zeitliche segnete, über das notwendige nautische Rüstzeug verfügten, um in Richtung Südafrika vorzustoßen, gelang es ihnen erst 28 Jahre später, das ›Kap der Stürme‹, die Südspitze des Kontinents, zu umsegeln und in die völlig unbekannte afrikanisch-islamische Welt einzudringen. Diese Verzögerung ging auf die unvorhersehbaren Unbilden der Natur, vor allem aber auf den chronischen Geldmangel des portugiesischen Hofes wie auch auf Rivalitäten unter den Seefahrern zurück.

Zeittafel

1095	Heinrich von Burgund erhält von Alfonso VI., König von León und Kastilien, die Grafschaft Portucalia als Lehen
1139	nach dem Sieg über die Araber bei Ourique nimmt Afonso I. Henriques den Titel eines Königs von Portugal an
1143	Alfonso VIII., König von León und Kastilien, erkennt Portugal an
1147	die Portugiesen erobern Lissabon von den Arabern zurück
1185–1211	Sancho I. der Besiedler, König von Portugal
1211–23	Afonso II., König von Portugal
1223–45	Sancho II., König von Portugal
1245–79	Afonso III. der Wiederhersteller, König von Portugal
	Afonso III. besetzt den gesamten Algarve und verbannt den Islam vollständig aus Portugal; er verlegt die Residenz von Coimbra nach Lissabon; wirtschaftlicher Aufbau und Förderung des Geisteslebens in Portugal
1271–95	Marco Polo reist nach China
1279–1325	Dinís der Landwirt, König von Portugal
1290	Dinís gründet die Universität Lissabon (1308 nach Coimbra verlegt)
1291	die Genuesen Vadino und Ugolino Vivaldi segeln in den Südatlantik
1312	der Genuese Lancelotto Malocello entdeckt die östlichen Kanaren (Fuerteventura, Lanzarote) wieder
1315	der Genuese Sorleone Vivaldi stößt auf den Landweg bis Mogadishu vor
1325–57	Afonso IV. der Kühne, König von Portugal
1336	portugiesische Schiffe erreichen die Kanaren
1340	die kastilisch-portugiesischen Truppen besiegen die Almohaden-Dynastie am Rio Salado
1341	Anghelino de Tegghia de Corbizzi aus Florenz und Niccoloso da Recco aus Genua fahren in portugiesischem Auftrag zu den Kanaren
1344	Erdbeben in Lissabon
1345	Konflikt zwischen Kastilien und Portugal um die Kanaren
1346	Jaime Ferrer aus Aragonien gelangt vermutlich bis zur Senegal-Mündung
1347	Domingo Gual und Francesce Desvalers aus Aragonien fahren zu den Kanaren
1348	Pest in Lissabon
	Vertrag von Windsor, der den Portugiesen im Falle eines Angriffs auf ihr Territorium militärische Unterstützung durch die Engländer garantiert
1353	Abkommen über Handelsfreiheit zwischen Portugal und England
1357–67	Pedro I. der Strenggerechte, König von Portugal
1367–83	Fernão I. der Schöne, König von Portugal
1367–83	Kriege zwischen Portugal und Kastilien
1373	Erneuerung des Freundschaftsvertrages von 1308 zwischen Portugal und England
1375–77	der »Katalanische Atlas« von Abraham Cresques entsteht

1385–1433	João I., König von Portugal
	Schlacht von Aljubarrota zwischen Portugiesen und Kastiliern
	Stagnation der portugiesischen WIrtschaft
1402	der Normanne Jean de Béthencourt besetzt die Kanaren im Auftrag Kastiliens
1415	die Portugiesen erobern Ceuta
1416	Portugiesen umschiffen das Cabo do Não (Kap Nun)
	Heinrich der Seefahrer beauftragt Gonçalo Velho, an den Kanaren vorbei in Richtung Südatlantik vorzustoßen
1419	João Gonçalves, Tristão Zarco und Tristão Teixeira entdecken Porto Santo und Madeira wieder
1425	die Besetzung der Kanaren auf Befehl Heinrichs des Seefahrers schlägt fehl
1429	Gonçalo Velho entdeckt die Azoren
1431	Vertrag von Medina del Campo: der Bündnisvertrag zwischen Portugal und Kastilien von 1411, in dem Kastilien Portugals Unabhängigkeit anerkennt, wird bestätigt
1433–38	Duarte, König von Portugal
1434	Gil Eanes umschifft das Cabo Bojador
1436	Afonso Gonçalves Baldaia erkundet die westafrikanische Küste bis zum Rio do Ouro
1437	die Portugiesen erleiden bei Tanger eine Niederlage gegen die Araber
1438–81	Afonso V. der Afrikaner, König von Portugal (bis 1440 Leonor de Aragón, bis 1448 Pedro de Coimbra)
1441	Nuno Tristão fährt bis zum Cabo Branco und bis zur Arguim-Bucht
1442	Lançarote erreicht die Arguim-Bucht
1444	Gründung der *Companhia de Lagos* für den Sklavenhandel
	Lançarote gelangt bis an die Senegal-Mündung
1445	Dinís Dias entdeckt das Cabo Verde
1446	Nuno Tristão findet am Gambia den Tod
	João Fernandes stößt am Rio do Ouro ins Landesinnere vor
1448	Diogo Gilhomens Versuch, diplomatische Beziehungen zu dem Potentaten am Cabo do Não aufzunehmen, schlägt fehl
	das Vorhaben des Dänen Vollert, mit den Einheimischen am Cabo Verde ein Bündnis einzugehen, mißlingt
	Fort Arguim wird erbaut
1451–54	bewaffnete Auseinandersetzungen zwischen Portugal und Kastilien um die Kanaren
1454	Papst Nikolaus V. spricht den Portugiesen das Eigentumsrecht für die westafrikanische Küste südlich des Cabo Bojador zu
1455	der Genuese Antoniotto Usodimare und der Venezianer Alvise da Cadamosto erforschen im Auftrag Heinrichs des Seefahrers den Gambia
1456–58	Alvise da Cadamosto entdeckt die östlichen Kapverden
1457	Diogo Gomes erforscht den Gambia bis zu den Stromschnellen von Barracunda

1458	die Portugiesen erobern Alcazar-Céguer (Ksar es Seghir)
1460	Tod Heinrichs des Seefahrers
1460/61	Pedro de Sintra entdeckt Sierra Leone und gelangt bis zum Cabo Mesurado (Liberia) an die Pfefferküste
um 1461	Diogo Afonso entdeckt die westlichen Kapverden
1469	Afonso V. überträgt Fernão Gomes die wirtschaftlichen Nutzungsrechte in Westafrika für fünf Jahre
1470	Soeiro da Costa entdeckt die Elfenbeinküste und gelangt bis zum Cabo Três Pontas an der Goldküste
1471/72	die Portugiesen erobern Arzila (Asilah) und Tanger
	João de Santarém und Pedro de Escobar gelangen in das Reich der Aschanti und entdecken die Inseln São Tomé, Annobón und Santo Antão (Ilha do Príncipe)
1472/73	Fernão do Poo entdeckt die Ilha do Poo (Bioko)
1474	Lobo Gonçalves überschreitet den Äquator
1475	Ruy de Sequeira erreicht das Cabo de Santa Catarina
1479	Vertrag von Alcáçovas: Ende des kastilischen Erbfolgekrieges, Portugal verzichtet endgültig auf die Kanaren, erhält aber alle Rechte auf die neuentdeckten Gebiete sowie das Handelsmonopol
1481–95	João II. der Perfekte, König von Portugal
	die Festung von El Mina wird erbaut
1482/83	Diogo Cão entdeckt den Kongo
1484	Christoph Kolumbus wird bei João II. vorstellig
1485/86	Diogo Cão trifft auf seiner zweiten Reise den Herrscher des Kongo-Reiches, fährt den Kongo aufwärts, erforscht die Küste von Angola und gelangt bis zum Cabo do Padrão (Cape Cross)
1487/88	Bartolomeu Dias umschifft das Kap der Guten Hoffnung
1487	Pedro de Covilhão und Afonso de Payva reisen bis an die Malabarküste und nach Äthiopien, Aden und Sofala; Covilhão bleibt bis 1520 als Gesandter in Äthiopien
1489/90	die Weltkarte von Henricus Martellus Germanus entsteht
1493	Kolumbus geht nach seiner Amerika-Reise in Lissabon an Land
1494	Vertrag von Tordesillas
1495–1521	Manuel I. der Glückliche, König von Portugal
	João Fernandes und Pedro de Barcelo entdecken Labrador wieder
1496	Gründung des Jerônimo-Klosters in Lissabon
1497–99	Vasco da Gama segelt an die Malabarküste
1500/01	Pedro Alvares Cabral entdeckt auf seiner Indienfahrt Brasilien
1502	Vasco da Gama unternimmt seine zweite Indienreise
	João da Nova entdeckt die Insel Santa Helena im Südatlantik
1503	Afonso d'Albuquerque rettet den Herrscher von Cochin vor dem Samurin von Calicut und legt eine Festung in Cochin an
1505	Francisco d'Almeida wird Vizekönig von Portugiesisch-Indien

	Quiloa (Kilwa) und Mombasa gelangen unter portugiesische Herrschaft
	Gonçalo Alvares entdeckt die Ilha de Gonçalo Alvares (Gough) im Südatlantik
1506	Tristão da Cunha sichtet die Vulkaninsel Tristan da Cunha im Südatlantik
1507	Afonso d'Albuquerque läßt die Insel Sokotra vor Aden besetzen, sperrt den Handelsweg der Venezianer und Genuesen nach Indien und erobert Ormuz zum ersten Mal
	Lourenço d'Almeida erreicht Ceilao (Sri Lanka) und vernichtet die Flotte des Samurin von Calicut
	Francisco d'Almeida läßt den Golf von Aden und den Persischen Golf für venezianische und ägyptische Schiffe sperren
	Schlacht bei Bombay zwischen Lourenço d'Almeida und den Ägyptern
	Francisco d'Almeida plündert Tschoul und Calicut
1509	Francisco d'Almeida besiegt die arabisch-ägyptische Flotte vor Diu und sichert den Portugiesen die maritime Herrschaft über das Arabische Meer
	Lopes de Sequeira fährt nach Malakka
	Afonso d'Albuquerque wird Vizekönig von Portugiesisch-Indien mit Goa als Hauptstadt
1510	Afonso d'Albuquerque erobert Calicut
1511	Afonso d'Albuquerque erobert Malakka
	Antônio de Abreu und Francisco Serrão erreichen die Molukken
	die Portugiesen entdecken Timor
	Lopes de Sequeira fährt nach Pedim und Pacém auf Sumatra und entdeckt die Nikobaren
1513	die Eroberung Adens mißlingt den Portugiesen
1515	Afonso d'Albuquerque erobert Ormuz zum zweiten Mal
	Jorge Alvares segelt nach China bis zur Insel Tamau an der Canton-Mündung
	der Italiener Raffaello Perestrello fährt nach China (Canton)
	Tomé Pires und Fernão Andrade reisen nach Canton, Nanking (Nanjing) und Peking (Beijing)
bis 1515	die Indien-Flotte unter Tristão da Cunha erkundet die gesamte arabische Küste, den Persischen Golf und das Rote Meer
1515–21	der Torre de Belém in Lissabon wird erbaut
1521–57	João III., König von Portugal
1519–22	Fernão de Magalhães umsegelt die Welt – er sollte im Auftrag der Spanier die Molukken auf der Westroute erreichen
1541	Cristovão da Gama verteidigt den Thron des äthiopischen Negus' vor dem Zugriff der muslimischen Somal
1543	die Handelsbeziehungen zwischen Portugal und China normalisieren sich
	Antônio da Mota, Antônio Peixoto und Francisco Zeimoto erreichen die japanische Insel Tanega-Shima
1557–78	Sebastião, König von Portugal (bis 1562 Catarina, bis 1568 Henrique, Erzbischof von Lissabon)
1557	portugiesische Händler lassen sich in Macao nieder

1578	Sebastião verliert die Schlacht vor Alcazar-Quibir (Ksar el Kebir), Ende der portugiesischen Kolonialherrschaft in Marokko
1578–80	Kardinal Henrique, König von Portugal
1580	Felipe II. von Spanien wird Herrscher über Portugal als Filipe I.
1593–96	das Fort Jesus in Mombasa wird erbaut
1600	Gründung der englischen Ostindienkompanie
1602	Gründung der niederländischen Ostindienkompanie
1616	Gründung der dänischen Ostindienkompanie
1637	die Niederländer verdrängen die Portugiesen in El Mina
1640	Portugal wird wieder selbständig unter König João IV.
	die Portugiesen verlieren Ceuta an die Spanier
1652	die Niederländer verdrängen die Portugiesen am Kap der Guten Hoffnung
1658	die Portugiesen verlieren ihre Gebiete auf Sri Lanka an die Niederländer
1661	die Portugiesen treten Tanger an die Engländer ab
1664	Gründung der französischen Ostindienkompanie
1796	die Niederländer verlieren ihre Gebiete auf Sri Lanka an die Engländer

Sturm vor der Azoreninsel Terceira; Kupferstich von Johann Theodor de Bry, 1598

Der Ausbau der Gewürzroute

Der Anfang des portugiesischen Kap- und Inselspringens

»Man kann nicht bezweifeln, daß die Alten von den madeirischen, kanarischen und Grünen Vorgebirgs-Inseln samt der gegenüberliegenden Küste von Afrika einige Kenntnis gehabt haben ... Man wird bald überzeugt sein, daß sie alle gekannt haben.«

George Glas: Geschichte der Entdeckung und Eroberung der Kanarischen Inseln. Leipzig 1777

Die Kanarischen Inseln

Ein Jahrhundert bevor sich Heinrich der Seefahrer der systematischen Erforschung der westafrikanischen Küste widmete, hatte der Genuese Lancelotto Malocello im Jahre 1312 die östlichen Inseln des Kanarischen Archipels, Fuerteventura und Lanzarote, wiederentdeckt. Im Gegensatz zu den später aufgefundenen Inseln im Atlantischen Ozean waren die Kanaren oder Fortunaten bewohnt. Über die Herkunft der kanarischen Urbevölkerung, der Guanchen, gibt es nach wie vor keine eindeutigen anthropologischen Hinweise. Wenn wir Alexander von Humboldt Glauben schenken, dann lebten die Guanchen von alters her auf den Kanaren. Die Wiederentdeckung Fuerteventuras und Lanzarotes fand 1339 ihren Niederschlag auf der Karte des katalanischen Zeichners Angelino Dulcert.

Bereits im Jahre 1336 hatten portugiesische Karavellen die Kanaren erreicht, deren Kolonisierung durch die Portugiesen sich der König von Kastilien jedoch strikt verbat. 1341 ließ der portugiesische König Afonso IV. erneut eine Flotte ausrüsten und entsandte sie zu den Inseln, um sie dem aufstrebenden portugiesischen Königreich anzugliedern. Zwar wurde die Expedition mit portugiesischen Geldern finanziert, und die Flotte segelte unter portugiesischer Flagge, doch bestand die Besatzung fast nur aus genuesischen und venezianischen Seeleuten. Das Kommando führte der erfahrene Kapitän Anghelino de Tegghia de Corbizzi, der aus Florenz stammte, und der Genuese Niccoloso da Recco amtierte als Steuermann. Ob überhaupt portugiesische Seeleute an der Fahrt teilnahmen, ist nicht erwiesen. Des weiteren ist nicht bekannt, ob die beiden Kanarischen Inseln La Palma und Hierro (Ferro) ebenfalls 1341 entdeckt wurden. Beide erschienen erst 1375 im »Katalanischen Atlas«.

So wie der englische König Alfred der Große normannische Seeleute anheuern ließ, um seine Flotte auszubauen, so hatte bereits König Dinís (1279–1325) italienische Lehrmeister verpflich-

Venedig im 15. Jh.; Holzschnitt aus der Schedelschen Weltchronik, 1493

tet, um angehende portugiesische Seeleute in der nautischen Kunst zu unterrichten. Genuesen, Venezianer, vor allem aber die Meister von Amalfi verstanden sich in der Führung von Schiffen sowohl auf dem Mittelmeer als auch auf dem Atlantischen Ozean. Ferner ist bekannt, daß Dinís den Genuesen Manuel Pessagno zum Admiral ernannte und daß unter dessen Kommando 20 genuesische Offiziere ihren Dienst auf portugiesischen Schiffen taten. Alle waren in der berühmten Seefahrtsschule zu Amalfi ausgebildet worden. Die Auffassung mancher portugiesischen Historiker, daß Portugal im 14. und 15. Jh. die einzige Nation war, die sich in der Nautik auskannte, muß daher entschieden ins Reich der Fabeln verwiesen werden.

1827 tauchte ein Bericht über die Fahrt von 1341 zu den Kanaren auf, der Giovanni Boccaccio zugeschrieben wird. Ob er tatsächlich von ihm stammt, ist nicht eindeutig bewiesen. In diesen Aufzeichnungen steht geschrieben, daß auf der großangelegten Expedition 13 Inseln entdeckt wurden, von denen angeblich fünf bewohnt waren.

Kaum waren die Kanaren wiederentdeckt, als sie bereits politisches Aufsehen erregten. Entsprechend seinem Recht, über neu entdeckte, unbesetzte Länder zu verfügen, überließ Papst Klemens VI. zu Avignon am 15. November 1344 einem Urenkel des Königs Alfonso X. von Kastilien, dem Grafen Luis de la Cerda, die Inselgruppe als Lehen. Als der König von Kastilien 1345 diese Belehnung anerkannte, erhob der portugiesische König Afonso IV. Besitzansprüche, denn er war der Überzeugung, daß die Portugiesen – eigentlich Genuesen im Auftrag Portugals – die Inseln entdeckt und somit den alleinigen Besitzanspruch hätten. So kam es, noch bevor Kolumbus in kastilischen Diensten Amerika entdeckte, zum ersten Konflikt zwischen den beiden katholischen Nationen um Kolonien, obwohl Kastilien nach wie vor alle Kräfte auf seine Reconquista konzentrieren mußte. Der Protest des portugiesischen Königs blieb jedoch gegenstandslos, weil Cerda seine Herrschaft nie antrat. Noch bevor er sein Königreich Fortunia besuchen konnte, fiel er 1347 auf dem Schlachtfeld von Crécy. Die territoriale Zugehörigkeit der Kanarischen Inseln sollte aber noch lange ungeklärt bleiben.

Die Wiederentdeckung der Kanaren zog immer mehr Seeleute in den Bann. So lief am 14. Mai 1352 eine Flotte unter dem katalanischen Kapitän Arnau Roger zu den Inseln aus, um diese ver-

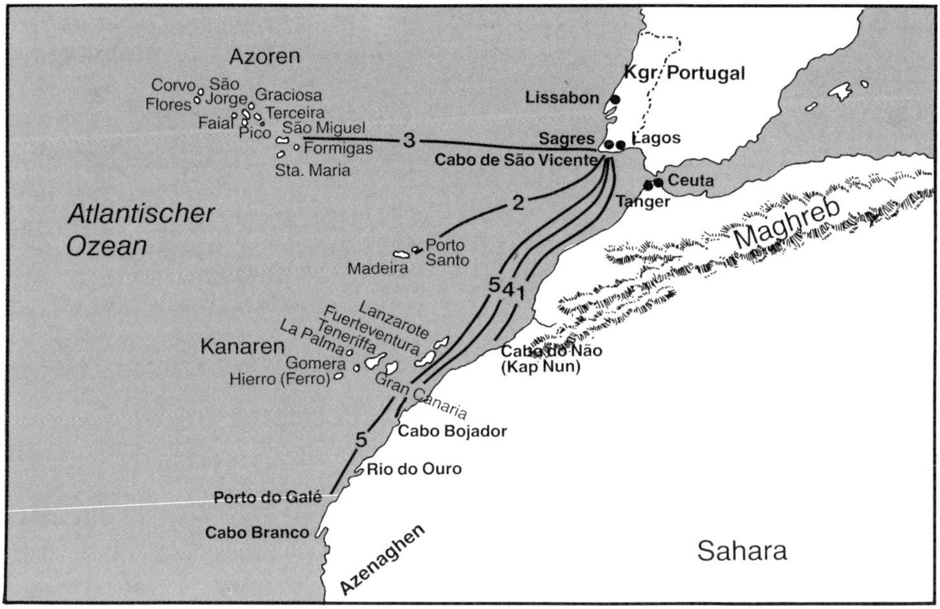

Der Anfang des portugiesischen Kap- und Inselspringens: 1 1416, 2 Gonçalves, Zarco, Teixeira 1419, 3 Velho 1429, 4 Eanes 1434, 5 Baldaia 1436

mutlich zu kolonisieren. 1386 forderte König Pedro IV. von Aragonien Papst Urban VI. auf, die kanarischen Ureinwohner zu christianisieren. Diese zeigten jedoch wenig Interesse für die Bekehrung zum katholischen Glauben und brachten alle 13 Missionare um. Daraufhin führte die Kirche einen grausamen Bekehrungskrieg. 1393 wurden der König und die Königin der Guanchen als Gefangene nach Kastilien verschleppt, auf unchristliche Weise gefoltert und umgebracht. Erst 1404 errichtete die katholische Kirche das Episkopat von Lanzarote, und zwei Jahre später trat der Bischof Alberto de las Casas sein Amt an.

Im Jahre 1402 versuchten der normannische Edelmann Jean de Béthencourt und der Ritter Gadifer de la Salle, die Inseln unter der Schirmherrschaft von Kastilien systematisch zu besiedeln. Beide erreichten Graciosa und Lanzarote, wo Béthencourt Kontakt mit dem lokalen König Guardafia aufnahm. Aus der zunächst freundlichen Beziehung wurde rasch eine kriegerische Auseinandersetzung, die mit der völligen Niederlage der Guanchen endete. Nach der Unterwerfung von Gran Canaria, Hierro und Fuerteventura verließ der Normanne die Kanaren und übergab seinem Neffen Maciot de Béthencourt die Regentschaft über das Königreich Fortunia. Die normannische Herrschaftsperiode währte nur knapp zwei Jahrzehnte. Wegen Verproviantierungsschwierigkeiten, die durch den Hundertjährigen Krieg hervorgerufen wurden, gaben die Herren aus der Normandie die Kanaren auf. Noch gegen Ende des 15. Jh. aber soll auf dreien der Inseln der normannische Dialekt gesprochen worden sein.

Im politischen und strategischen Konzept Heinrichs des Seefahrers spielten die Kanarischen Inseln als Sprungbrett für die Entschleierung der westafrikanischen Küste und zum Aufbau des portugiesischen See-Imperiums eine bedeutende Rolle. 1425 ließ er 2500 Mann und 120 Reiter auf die Kanaren übersetzen, doch schlug die Inbesitznahme der Inseln fehl. Drei Jahre später versuchte er es auf eine friedliche Art und Weise und bot Maciot de Béthencourt an, ihm die Besitzrechte abzukaufen. Doch kam auch dieser Handel aus noch ungeklärten Gründen nicht zustande. Erst im Vertrag von Alcáçovas 1479 verzichtete Portugal endgültig auf den Besitz der Kanarischen Inseln zugunsten von Kastilien (s. S. 85, 86). Der Versuch, die Kanaren, deren westlichste Insel, Hierro, nur 160 km von der afrikanischen Küste entfernt liegt, als Ausgangsbasis für zukünftige Entdeckungsfahrten in Richtung Südafrika in Besitz zu nehmen, war damit gescheitert. Kastilien hatte sich eine wertvolle strategische Flankenstellung an den westafrikanischen Besitzungen seines Nachbarlandes gesichert, die noch heute manchem portugiesischen Historiker ein Dorn im Auge ist, obwohl Portugal längst nicht mehr über Gebiete in Afrika verfügt. Die Kanaren dienten den spanischen Seeleuten als Stützpunkt auf ihren langen Entdeckungsfahrten; auch Kolumbus machte auf dem Weg zu den mittelamerikanischen Inseln hier halt. Wer aber glaubt, während einer Reise auf die Kanaren auch nur einen Hauch dieses frühen Entdeckergeistes zu finden, wird enttäuscht. Der Massentourismus und der umweltzerstörende Geschäftsgeist haben alles zunichte gemacht.

Hinsichtlich der Namensgebung der Kanaren auf den mittelalterlichen Karten soll an dieser Stelle noch vermerkt werden, daß die Inseln unter verschiedenen Bezeichnungen auftauchen: So heißen z.B. Teneriffa *Tenerefiz, Dinferno, Vinaria* oder *Nivalis* und Gran Canaria *Azanasia, Caninaria* oder *Planasia.*

Die Eroberung Ceutas

Die Portugiesen fanden bald jedoch einen Ausgleich für ihre Niederlage auf den Kanarischen Inseln. Anfang des Jahres 1415 faßte João I. im Königspalast zu Sintra den Entschluß, die portugiesische Reconquista, den Kampf gegen die ›Ungläubigen‹, der im Algarve erfolgreich beendet war, auf nordafrikanischem Boden fortzusetzen. Seine Politik bestand darin, der islamischen Meriniden-Dynastie den Maghreb mit den bedeutenden Handelszentren Ceuta, Alcazar-Quibir (Ksar el Kebir), Arzila (Asilah) und Tanger Schritt für Schritt zu entreißen. Denn wer diese Städte besaß, so folgerte der König richtig, beherrschte sowohl den wichtigen Sahara-Markt als auch die ›Kornkammer‹ Nordafrikas. Gleichzeitig ging es João darum, den verhaßten Islam zu bekämpfen, dessen Träger den Transithandel für Gewürze und andere asiatische Luxusartikel innehatten, die über Venedig und Genua auf die mittel- und nordeuropäischen Märkte flossen. Im August 1415 fiel die wichtige nordafrikanische Handelsstadt Ceuta nach einem portugiesischen Überraschungsangriff unter dem Kommando Heinrichs des Seefahrers und des *Vedor da Fazenda* (Heeresinspektor) João Afonso in die Hände der Portugiesen, ohne daß diese dabei nennenswerte Verluste erlitten hatten. Damit war der erste Schritt zum Eintritt Portugals in die afrikanische Politik und zur Europäisierung der Welt getan.

In Anerkennung der besonderen Leistung Heinrichs des Seefahrers vor Ceuta schlug João seinen Sohn noch auf dem Schlachtfeld zum Ritter und ernannte ihn zum Großmeister des Avis-Ordens, ein Amt, das der König bei seinem Regierungsantritt bekleidet hatte. Den Gouverneursposten, den Heinrich ebenfalls erhielt, lehnte er jedoch ab und übergab ihn an seinen engsten Gefolgsmann, an Pedro de Menezes.

An dem Feldzug gegen Ceuta hatte auch der damals in ganz Europa bekannte Tiroler Minnesänger Oswald von Wolkenstein teilgenommen.

Nur wenige Monate nach der Eroberung Ceutas legte Heinrich der Seefahrer den Grundstein der Gewürzroute. Ein portugiesisches Schiff umrundete 1416 erstmals das Kap Nun (Cabo do Não – ›Kap Nichts‹) an der Küste der heutigen Westsahara, das bis dahin als das Ende der Welt gegolten hatte.

Die Wiederentdeckung des Madeira-Archipels

Nachdem noch im Jahre 1416 ein erster Versuch des portugiesischen Seefahrers Gonçalo Velho, im Auftrag Heinrichs an den Kanarischen Inseln vorbei in Richtung Südatlantik vorzustoßen, fehlgeschlagen war, brachte drei Jahre später eine Expedition unter der Leitung von João Gonçalves, Tristão Zarco und Tristão Teixeira einen Erfolg: die Wiederentdeckung der Inseln Porto Santo und Madeira, die den arabischen Fernkaufleuten bereits bekannt waren. Der gesamte Archipel umfaßt Madeira, Porto Santo, die drei Felseninseln (Ilhas Desertas) Caho, Deserta Grande und Bugeo sowie die drei Ilhas Selvagens Selvagem Grande, Selvagem Pequena und Ilhéu de Fora. Die Inselgruppe liegt ca. 1000 km von Lissabon und etwa 700 km von der westafrikanischen Küste entfernt. Sowohl Porto Santo als auch Madeira waren unbewohnt. Das hatte den Vorteil, daß die portugiesischen Siedler nicht gegen eine feindlich gesinnte Urbevölkerung zu kämpfen brauchten. Der Nachteil bestand jedoch darin, daß die Portugiesen zur wirtschaftlichen Nutzung des Archipels Arbeitskräfte aus dem Mutterland abziehen mußten.

Entgegen den Behauptungen der portugiesischen Chronisten Barros und Gomes handelt es sich hier um eine Wiederentdeckung, nicht um eine Neuentdeckung. Wie aus dem »Libro del Conosciemento« und aus dem »Mediceischen Atlas« der Jahre 1350 bzw. 1351 hervorgeht, war der Archipel den italienischen Kartographen bereits bekannt. Die Geschichte von der Entdeckung Madeiras durch den Ritter Machim oder Machem muß heute als Legende betrachtet werden, denn es gibt keine Dokumente, die diese Tat bezeugen. Hingegen verdient ein Bericht des um 1500 in Lissabon lebenden Deutschen Valentin Ferdinand (Valentin Fernandes Alemão) Beachtung. Diesem zufolge waren Madeira und Porto Santo den Kastiliern bereits bekannt, bevor die Portugiesen die Inseln wiederfanden. Ein Kastilier, der in Lissabon gefangengehalten wurde, soll Heinrich den Seefahrer informiert haben, worauf dieser eine Expedition zu dem Archipel ausrüsten ließ.

Unumstritten ist jedenfalls, daß die beiden Kapitäne Zarco und Teixeira als erste Portugiesen den Archipel betraten. Die Stelle, an der die Seefahrer an Land gingen, tauften sie auf den Namen Cámara de Lobos (in der Regel als ›Seehundsgrotten‹ übersetzt). Im Jahre 1433 erhielt Prinz

Heinrich die Inseln von König Duarte, seinem jüngeren Bruder, als Geschenk. Am 8. Mai 1440 übertrug er das Eigentumsrecht dann dem Ritter Tristão Zarco, seinem Vertrauten. Die ersten Siedler kamen 1423 nach Porto Santo, wo sie Viehzucht betrieben. Zwei Jahre später begann man mit dem Zuckerrohranbau auf Madeira.

Nach dieser erfolgreichen Wiederentdeckung kam es zu einer mehrjährigen Unterbrechung aller Forschertätigkeiten Heinrichs des Seefahrers in Richtung westafrikanischer Küste und Atlantischer Ozean. Die Ursachen hierfür waren vielfacher Natur. Man kann kaum annehmen, daß Heinrich die Expeditionen wegen finanzieller Schwierigkeiten abbrechen ließ. Zwar kam er erst 1420 in den Genuß der bedeutenden Einkünfte des Avis-Ordens, doch hatte er bisher nur wenig Geld für überseeische Unternehmen ausgegeben und im Gegensatz zu später noch keine Schulden. Es darf mit großer Wahrscheinlichkeit angenommen werden, daß der Begründer der Gewürzroute aus der fehlgeschlagenen Exkursion Gonçalo Velhos von 1416 die Erkenntnis gezogen hatte, daß nur sorgfältig vorbereitete und gut ausgerüstete Expeditionen erfolgversprechend waren. Und solche Unternehmen brauchten Zeit.

Die Entdeckung der Azoren

Etwa zehn Jahre nach der Wiederauffindung von Porto Santo und Madeira konnte Heinrich der Seefahrer erneut einen Erfolg verbuchen: Gonçalo Velho entdeckte wahrscheinlich im Jahre 1429 (manche Historiker geben auch die Jahre 1427 und 1432 an) die sieben Azoren-Inseln Santa Maria, São Miguel, Terceira, São Jorge, Graciosa, Faial und Pico. Entgegen zahlreicher Behauptungen handelt es sich hier tatsächlich um eine Erstentdeckung und nicht um eine Wiederentdeckung. Selbst namhafte Geographen glaubten zwar, die Inseln bereits auf mittelalterlichen Karten zu erkennen, doch haben sie sich hier wohl von den Phantasien der Kartographen täuschen lassen. Denn noch bis ins 16. Jh. hinein bemühten sich fast alle Zeichner, möglichst viele Namen von Seefahrern und Kaufleuten in Erfahrung zu bringen und diese in ihre Portulane, Land- und Seekarten aufzunehmen. Die Anzahl der neu eingetragenen geographischen Bezeichnungen bestimmte nämlich den Preis für die Karten. Von Humboldt bezeichnete diese Neigung in seinen »Historischen Untersuchungen«, teils anerkennend, teils tadelnd oder schroff ablehnend, als »Erhaltungstrieb der Geographen«. Selbst der arabische Gelehrte Prinz Yussuf Kamal irrte sich, als er auf der Karte des arabischen Geographen Ibn Sa'id aus dem Jahre 1275 in der Bodleian Library zu Oxford die Azoren wiedererkennen wollte.

Am 2. Juli 1439 erhielt Heinrich der Seefahrer durch Königin Leonor, die anstelle des minderjährigen Afonso V. regierte, im Einvernehmen mit seinem Bruder Pedro das Recht, die Inseln zu kolonisieren. Um den ersten Siedlern den nötigen Anreiz zu geben, sich auf den bisher unbewohnten Azoren niederzulassen, räumte Pedro ihnen in einer Urkunde von 1443 steuerliche Vergünstigungen ein. Außerdem brauchten sie weder den üblichen Zehnten zu entrichten noch Zoll auf die Waren zu zahlen, die aus dem Mutterland eingeführt wurden. Zunächst konzentrierte man sich darauf, die Insel Santa Maria wirtschaftlich nutzbar zu machen.

Die Azoren

Anschließend bemühte sich Pedro persönlich um die Kolonisierung São Miguels. Über die Erschließung der anderen Inseln gibt es nur wenige zuverlässige Dokumente; doch wissen wir, daß die Einwanderung nur schleppend vor sich ging und die Bevölkerungszahl nur langsam wuchs.

Ihren Namen erhielten die Azoren angeblich wegen der besonders zahlreichen Milane *(Milhafres)*, welche die ersten Besiedler irrtümlich für Habichte *(Açores)* hielten. Eine Zeitlang hießen sie Flandrische oder Flämische Inseln (Vlaemische Eylanden), portugiesisch Ilhas Flamengas. Als König Afonso V. nämlich die Insel Faial an seine Tante Isabel, die Mutter Karls des Kühnen, auf deren Lebzeiten abgetreten hatte, stammte die Mehrzahl der Einwanderer aus Flandern. Im Testament Heinrichs des Seefahrers trugen auch die einzelnen Inseln von den heutigen Namen abweichende Bezeichnungen. So hießen z. B. Faial *San Diniz* und Pico *San Luis*.

Der ungefähr 1400 km von Lissabon und etwa 3000 km von den Bermudas entfernte Archipel erlangte für Portugal große Bedeutung. Mit den Azoren hatte das Königreich einen weiteren wichtigen Stützpunkt im Atlantischen Ozean zum Ausbau seiner Seemacht erworben. Ohne es zu ahnen, waren die Portugiesen ihrer späteren reichsten Kolonie, Brasilien, ein gutes Stück näher gerückt. Noch heute besitzen die Inseln großen strategischen und militärischen Wert.

1433 segnete der große Avis-Fürst João I., der sich die Devise ›*Por Bem*‹ (›Zum Guten‹) zu eigen gemacht hatte, das Zeitliche. Er fand seine letzte Ruhestätte in der Gründerkapelle des Klosters Batalha. Unter seinem Nachfolger, Dom Duarte, der nur fünf Jahre regierte, gelang den Kapitänen Heinrichs des Seefahrers ein entscheidender Schritt vorwärts im Ausbau der Gewürzroute.

Gil Eanes umschifft das Cabo Bojador

»Endlich nach zwölf Jahren rüstete der Prinz eine Barke aus und gab sie dem Gil Eanes, einem seiner Kavaliere, den er später zum Ritter schlug und in den Adelsstand erhob. Er folgte dem Weg, den die anderen eingeschlagen hatten, aber verfiel dem gleichen Schrecken. Er wandte sich nur den Kanaren zu, wo er Gefangene machte, und kehrte dann ins Königreich zurück. Dies geschah im Jahre 1433. Im nächsten Jahr rüstete der Prinz das gleiche Schiff aus und vermahnte den Gil Eanes ernstlich, alle Anstrengungen zum Umfahren des Kaps zu machen. Er führte es aus, wie er sich vorgenommen hatte, denn, alle Gefahren verachtend, umfuhr er auf dieser Reise das Kap und fand jenseits Länder, die ganz anders waren als die, welche er wie auch die anderen erwartet hatten. Obwohl die Umschiffung gar nicht schwierig war, wurde sie dennoch damals als eine große Leistung angesehen.«

Antônio Galvano: Tratado dos diversos e desvayrados Caminhos. Lissabon 1563

Bis zur Entdeckung der Azoren waren vor allem die Expeditionen in die Inselwelt des Atlantischen Ozeans von Erfolg gekrönt. Die Vorstöße in Richtung Südafrika gingen nur zögernd voran, und das hatte gute Gründe: Seit Jahrhunderten bestanden in den südeuropäischen Seemannskreisen, besonders in Genua, Venedig und Lissabon, die merkwürdigsten Vorstellungen über die tropischen Zonen. Aristoteles, dessen Gedankengut in Europa fast 2000 Jahre lang einen imposanten Platz einnahm, hatte bereits die Meinung vertreten, daß alle Gebiete der südlichen Sahara wegen der ungeheuren Glut, die dort herrsche, für Menschen unerträglich seien. Dabei gab es für ihn keine ›Wunder‹, die sich nicht irgendwie erklären ließen, und Dante sagte von ihm, er sei der »Meister der Wissenden«. Augustinus, Bischof von Hippo und bedeutender Verteidiger des christlichen Glaubens, behauptete, ohne jemals den Fuß in die Sahara gesetzt zu haben, daß diese gewaltige Sandwüste von monströsen Fabelwesen bewohnt sei. Obwohl bereits gegen Ende des 14. Jh. konkrete geographische und klimatische Kenntnisse über die arabischen Handelsrouten durch die Sahara von Timbuktu nach Marrakech, Tuat und Tunis vorlagen, welche die unsinnigen Vorstellungen einwandfrei widerlegten, finden wir im Baseler Ptolemäus-Atlas von 1590 noch folgenden Hinweis: »In Solis Pontis (Sri Lanka) haucht ein jedes Lebewesen infolge der unerträglichen Hitze unter der Glut der umgebenden Luft sofort das Leben aus.«

Auch hinsichtlich der Schiffbarkeit der Meere gingen in den Seemannskreisen die wildesten Gerüchte um. Im sogenannten ›Lebermeer‹ oder ›Geronnenen Meer‹, das irgendwo im südlichen Atlantik liege, würden alle Schiffe festgehalten und seien zum Untergang verurteilt, so sagte man. Südlich des westafrikanischen Vorgebirges Nun (Cabo do Não), von dem der italienische Seefahrer Quirino noch 1431 behauptete, daß es die Grenze zu verhängnisvollen Gegenden sei, und das im berühmten »Katalanischen Atlas« von 1375 als das Weltende dargestellt war, zöge, so meinten die damaligen Seefahrer, ein geheimnisvoller Magnetberg alles Eisen aus den Schiffskörpern heraus, so daß die Segler buchstäblich auseinanderfielen und die Mannschaften in die Tiefe rissen. Zu all diesem Unerklärlichen und Unerforschten kamen die Berichte von fürchterlichen Ungeheuern, die überall und unverhofft aus dem Meer auftauchten und die Seeleute das Fürchten lehrten. Johannes Philiponus äußerte in seinem Werk

»De Creatione Mundi libri«, das 1630 in Wien erschien, die südlichen Meere seien wegen der dort vorherrschenden Gluthitze nicht befahrbar.

Nachdem das Cabo do Não 1416 umschifft worden war, erschien das weiter südlich gelegene Cabo Bojador oder ›Kap der Angst‹ als *Caput Finis Africae,* als das Ende der damals erreichbaren Welt in Westafrika. Gleichzeitig verbreitete sich in den portugiesischen Seemannskreisen die Überzeugung: Wer das Cabo Bojador umfährt, kehrt niemals wieder! Eine am Cabo do Não südwärts gerichtete Meeresströmung, gegen welche die portugiesischen Seefahrer ohnmächtig zu sein schienen, verstärkte den Glauben an den sicheren Untergang hinter dem Kap. Hinzu kam noch der Umstand, daß an diesem Vorgebirge die angenehme Küstenfahrt zu Ende ging, weil eine in die See vorspringende Sandbank, an der sich die Brandung brach, den Weg an der Küste versperrte. Noch wagte kein portugiesischer Seefahrer, einige Meilen aufs offene Meer hinauszusegeln, um so das Hindernis zu umgehen. Und doch war das ›Kap der Angst‹, von Norden her gesehen, nichts anderes als eine flache Bank von rötlichem Sand!

Prinz Heinrich hatte genaue Kenntnis vom Gewicht des Aberglaubens, der dem weiteren Vorstoß in Richtung Südafrika entgegenstand. Nicht weniger als zwölf Expeditionen sollen zwischen 1424 und 1431 den Versuch unternommen haben, das ›Kap der Angst‹ zu umrunden, und jedesmal soll die Besatzung Heinrich dem Seefahrer erklärt haben, daß dieses Vorhaben einfach unmöglich sei; »Tausende von Fährnissen jeder Art« hinderten sie daran, weiterzufahren. Noch Ende 1431 tauchte ein Bericht des französischen Admirals Julien de la Granète über die westafrikanische Küste südlich des Cabo do Não mit folgendem Wortlaut auf: »Sie besteht aus steilen Felsen oder aus Dünen, denen Riffs gleich des Wassers vorgelagert sind. Wenn der

Haie und fliegende Fische der tropischen Meere; Stich aus dem 16. Jh.

Wind aus der westlichen Richtung heult, erreicht die Tiefe der Wogen fünfzehn Meter, und ihr Brüllen hört man meilenweit. Von Oktober bis April ist die Küste stets von einer undurchdringlichen Nebelwand umhüllt. Schlußendlich stemmt sich die gewaltige Strömung der Kanaren, in Verbindung mit den vorherrschenden Winden, den nordöstlichen Passatwinden, mit aller Gewalt gegen die Rückfahrt nach Europa.«

Gil Eanes; Skulptur aus dem 20. Jh.

Im Jahre 1433 faßte Heinrich den Entschluß, erneut ein Schiff zum Cabo Bojador zu entsenden. Wenn man den Berichten der vom Hof besoldeten Chronisten Glauben schenken kann, mußte der Prinz seine gesamte Autorität in die Waagschale werfen, um den von ihm erwählten Gil Eanes dazu zu bewegen, ja zu zwingen, die ›psychologische Mauer‹, die das ›Kap der Angst‹ darstellte, endlich zu durchbrechen. Am Vorabend der Abfahrt – in welchem Monat des Jahres 1433 sie stattfand, wissen wir nicht genau – ließ er Eanes, den mutigsten Knappen seines Hofes, zu sich kommen und teilte ihm mit, er möge sich ganz auf die Umsegelung des Cabo Bojador konzentrieren, andernfalls werde ihm weder Ehre noch Belohnung zukommen. Eanes wußte, daß Heinrich es dieses Mal ernst meinte und daß ein Scheitern das seemännische ›Aus‹ für ihn bedeutete. Vom Hafen in Lagos segelte er in Begleitung des prinzlichen Mundschenks Afonso Gonçalves Baldaia und einer knapp 20köpfigen Mannschaft mit einer *Barca* – bei diesem Schiff dürfte es sich um einen Zweimaster mit Rahsegeln und nur teilweise überbautem Deck gehandelt haben – am Cabo do Não vorbei, bekam es dann aber doch mit der Angst zu tun und kehrte nach Sagres zurück. Der Empfang in der *Vila do Infante* durch Heinrich den Seefahrer war außerordentlich frostig. Ohne Zweifel dachte der Prinz an die hohe Summe Geldes, die er umsonst in dieses Unternehmen investiert hatte.

Ein Jahr später nahmen Eanes und Baldaia einen zweiten Anlauf, um endlich das ›Kap der Angst‹ mit all seinen angedichteten Grauen zu umfahren. Beide wußten, daß sie sich dieses Mal keinen Mißerfolg leisten konnten, zumal der Prinz ihnen vor der Abfahrt gedroht hatte, sie müßten für einen Fehlschlag persönlich haften. Einige Seemeilen hinter dem Cabo do Não nahm Eanes all seinen Mut zusammen, »legte sein und das Schicksal seiner Mannschaft in Gottes Hand«, änderte den Kurs und umsegelte das gefürchtete Vorgebirge in meilenweitem Bogen. Nach einem weiteren Kurswechsel sichtete der Maat wieder Land, und Eanes stellte erleichtert fest, daß das ›Kap des Schreckens‹ hinter der Barca lag. Der Kapitän ließ ein Boot aussetzen und ging höchstpersönlich mit acht beherzten Männern an Land. Weil es weit und breit kein Zeichen menschlichen Lebens gab, kehrten die Seeleute wieder auf ihr Schiff zurück.

Als Eanes und seine Mannschaft nach recht angenehmer Fahrt wieder in Lagos ankamen und die Kunde kurz darauf am ›Felsen von Sagres‹ eintraf, herrschte in der *Vila do Infante* Hochstimmung. Endlich hatte Heinrich der Seefahrer den Beweis erbracht, daß der lang und hartnäckig geschürte Aberglaube von der Unumschiffbarkeit des Cabo Bojador ins Reich der Fabeln gehörte. Die sogenannte ›psychologische Mauer‹ war schließlich durchbrochen. Finanziell jedoch blieb das Unternehmen ein Fiasko. Man hatte gehofft, daß es Eanes und Baldaia gelingen würde, an der Küste Einheimische aufzugreifen, durch deren Verkauf als Sklaven man die Kosten der Expedition decken wollte. Doch das einzige, was Eanes dem sonnendurchglühten Sand der Sahara hatte entreißen können, waren einige wild zerzauste Pflanzen, die er dem Prinzen in Sagres als botanisches Geschenk übergab. Hier im Heimatland nannte man sie ›Rosen der Heiligen Maria‹ *(Flores da Santa Maria).*

Nachdem Afonso Gonçalves Baldaia auf Geheiß Heinrichs im Jahre 1436 die westafrikanische Küste erforscht hatte und bis zum Rio do Ouro (›Goldfluß‹) vorgedrungen war, setzte eine vierjährige Pause in den Entdeckungsfahrten ein. Portugals König orientierte sich wieder einmal nach Nordafrika. Um den lukrativen Zwischenhandel der Araber, Venezianer und Genuesen auszuschalten, hatte bereits João I. einen Feldzug gegen Tunis und Ägypten geplant. Denn hier kamen die Karawanen mit den Gütern aus dem Orient an die Gestade des Mittelmeeres, wo die Italiener die Waren in Empfang nahmen. 22 Jahre nach Portugals glanzvollem Auftritt bei Ceuta machten die Araber dem portugiesischen Vorgehen in Richtung Tunis jedoch ein vorzeitiges Ende. Das Heer des Königs Duarte, das unter dem Kommando der beiden Infanten Heinrich und Fernão stand, wurde 1437 vor Tanger vernichtend geschlagen. Der Traum eines siegreichen Einzugs in Tunis und Kairo war damit endgültig ausgeträumt. Kein anderer als Heinrich der Seefahrer hatte richtig erkannt, daß Portugal militärisch und wirtschaftlich zu schwach war, um den Maghreb zu erobern.

Afonso Gonçalves Baldaia

Ein Jahr nach dem Feldzug gegen Tanger, auf dem sein jüngerer Bruder Fernão in Gefangenschaft geraten war, starb der physisch und seelisch getroffene Duarte. Wie sein

Tanger; Kupferstich aus den »Civitates Orbis Terrarum« von Georg Braun und Franz Hogenberg, 1572–1618

berühmter Vater João I. fand auch er in Batalha seine letzte Ruhestätte. Da sein Sohn und Nachfolger Afonso erst sechs Jahre alt war, führte zunächst Leonor de Aragón bis 1440, dann sein Bruder Pedro de Coimbra bis 1448 die Regierungsgeschäfte. Unter der Herrschaft Dom Pedros kam es zu bedeutenden Entdeckungen an der westafrikanischen Küste.

Weitere wichtige Etappen

»Hierauf segelte Lançarote 20 Seemeilen weiter und entdeckte den berühmten Fluß, den die dortigen Neger Owedesch nennen, nach dem Namen eines Negerhäuptlings, mit dem sie dort Handelsbeziehungen anknüpften. Ehedem hielt man ihn für einen Arm des Nils. Die Portugiesen nennen ihn Sanaga (Senegal).«

João de Barros: Da Asia. Lib. I, Dec. I, Cap. 13. 1552

Der Vorstoß zur Arguim-Bucht

Nachdem sich die Nachfolge des Königs Duarte geklärt hatte, sandte Prinz Heinrich im Jahre 1441 Nuno Tristão und Antão Gonçalves aus, um jenseits des Rio do Ouro, dem fernsten bekannten Punkt, mit den Einheimischen Kontakt aufzunehmen. Als die Seefahrer erfolgreich vom Cabo Branco (Cabo Blanco – ›Weißes Kap‹) zurückkehrten – Tristão hatte einige Sklaven mitgebracht –, rüstete Heinrich der Seefahrer sofort eine weitere Expedition aus, deren Kommando er wiederum dem erfahrenen Tristão übertrug. Die Ursache für die Eile, mit welcher der Infant dieses neue koloniale Unternehmen in die Wege leitete, lag darin, daß sich Heinrich durch die Organisation weiterer Razzien auf westafrikanischem Gebiet große Gewinne erhoffte. Im Verlauf dieser Expedition gelangte Tristão über das Cabo Branco hinaus und ging einige Seemeilen südöstlich dieses Vorgebirges in einer Bucht mit einigen Inseln an Land, deren größte er auf den Namen Arguim taufte.

1442, ein Jahr später, unternahm Lançarote eine Exkursion zur Arguim-Bucht und der nördlichen Inselwelt Mauretaniens. Er erkundete die beiden winzigen Inseln Naar und Tyder (Et Tídra) und kehrte mit 32 schwarzen Sklaven nach Lagos zurück. Der Erlös aus diesem Menschenhandel diente zur teilweisen Finanzierung des Arguim-Unternehmens. Hatten ein Jahr zuvor noch einige Ratgeber des Königs gebeten, alle Fahrten in Richtung Südafrika einzustellen, da die erhofften Reichtümer, vor allem das Gold von Bambuk, bislang ausgeblieben

*Vorstoß bis zum Gambia: 1 Tristão 1441, 2 Lançarote 1442, 3 Lançarote 1444, 4 Dias 1445, 5 Tristão 1446 * portugiesische Faktorei*

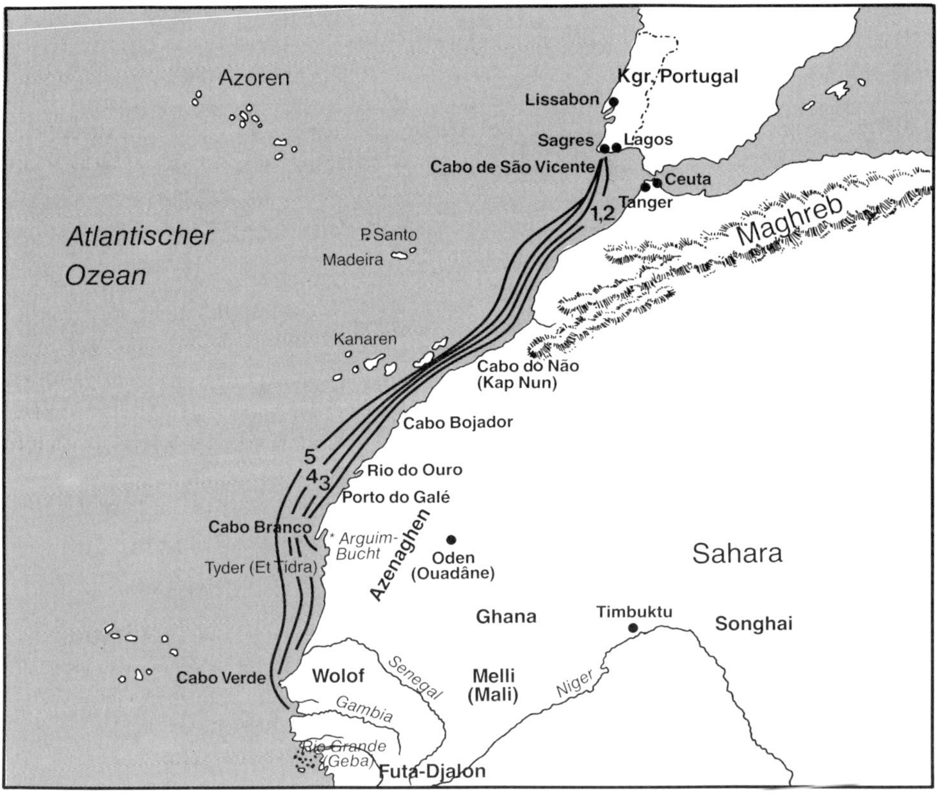

waren und das ungesunde Klima sowie die karge Erde Schwarzafrikas keine Möglichkeiten zur Bereicherung zu bieten schienen, begann sich nun ein wirtschaftlicher Erfolg abzuzeichnen. Vom geographischen Standpunkt aus betrachtet, hatte die Expedition zwar keine Neuigkeiten gebracht; die Bucht erlangte jedoch für den beginnenden portugiesisch-afrikanischen Handelsaustausch Bedeutung, denn es war Heinrich dem Seefahrer gelungen, auf einem großen Umschlagplatz für sudanesisch-arabische Waren Fuß zu fassen. Zumal die Inseln auch infolge des Salzhandels zwischen Mauren, Arabern und den Händlern von Futa-Djalon sowie der Songhai wirtschaftlich von Interesse waren, ließ der Infant eine Faktorei und ein kleines Fort errichten.

Um seine Entdeckungsfahrten ungestört vorantreiben zu können, verpachtete Heinrich den Handel auf die Dauer von zehn Jahren an eine private Gesellschaft. Die Insel Arguim wechselte im Laufe der Jahrhunderte mehrmals den Besitzer: 1637 bemächtigten sich ihrer die geschäftstüchtigen Niederländer, die im Kielwasser der Portugiesen segelten. 1685 verkauften diese die Insel an den Großen Kurfürsten von Brandenburg, 1717 fiel sie ein zweites Mal an die Niederländer, und vier Jahre später eroberten die Franzosen das westafrikanische Handelskontor.

Seit der Entdeckung der Arguim-Bucht weiteten sich die Razzien unter der schwarzen Bevölkerung wesentlich aus. Am 8. August 1444 trafen 230 Sklaven, Mauren und Schwarzafrikaner, in der portugiesischen Hafenstadt Lagos ein. Als die ›heidnische‹ Menschenfracht ausgeschifft wurde, war Heinrich der Seefahrer höchstpersönlich zugegen. 46 Sklaven gingen direkt in seinen Besitz über, die er dem Meistbietenden wieder verkaufte. Mit dem Erlös finanzierte er neue Unternehmen in Richtung Westafrika und erweiterte gleichzeitig den Sklavenhandel. Das gewaltsame Einfangen dieser Schwarzafrikaner – sie wurden von den europäischen Sklavenhändlern euphemistisch ›Ebenholz‹ genannt –, ob vom dunkelsten Schwarz der Bewohner des Melli-Reiches oder von helleren Schattierungen der Berbermischlinge, institutionalisierte sich nach diesem großangelegten Raubzug von 1444. Zusammen mit reichen Kaufleuten gründete Prinz Heinrich die *Companhia de Lagos,* die sich in Kürze zur Monopolgesellschaft für den afrikanischen Menschenhandel entwickelte. Die einzige ›Großproduktion‹, die Afrika aufwies, seine kräftige Bevölkerung, hatte von nun an als ethnologisches Studienobjekt ausgedient und war zur regelrechten Handelsware geworden. Während sich die Mauren in der ihnen aufgezwungenen neuen Heimat nur schlecht akklimatisierten, fanden sich die Schwarzafrikaner gemäß den Chronisten leichter in Portugal zurecht.

Eine weitere Fahrt zur Arguim-Bucht unter dem Kommando des portugiesischen Seefahrers Gonçalo de Sintra endete mit dem Tod des Expeditionsleiters und seiner Begleiter.

Die Entdeckung des Senegal und des Gambia

Bis zum Jahre 1444, zehn Jahre, nachdem die ›psychologische Mauer‹ vom Cabo Bojador durchbrochen war, konnten weder Tristão noch Lançarote über die Küstensteppe am Rand der Sahara hinaus vordringen. In einer weiteren Expedition jedoch gelang es Lançarote schließlich, bis zum Mündungsgebiet des Senegal vorzustoßen. Die Entdeckung dieser großen Wasserstraße war insofern von Bedeutung, als die portugiesischen Seefahrer erstmals feststellten, daß aus den wirtschafts- und verkehrsfeindlichen Randgebieten der Sahara ein bedeutender Fluß in den Atlantischen Ozean mündete.

Über den Senegal, den die Portugiesen auch als Çanaga oder Sanaga bezeichneten, herrschte noch bis zum Anfang des 18. Jh. die irrige Auffassung, er sei mit den Flußsystemen des Nil und des Niger verbunden. Es sollte noch drei Jahrhunderte dauern, bis dieser Irrtum aufgeklärt und das Quellgebiet des Nil geographisch und hydrographisch einwandfrei erkundet wurde. Immerhin bestand für die portugiesischen Seefahrer und Sklavenhändler jetzt die Möglichkeit, entlang dieser großen Wasserstraße landeinwärts vorzudringen, auf noch unbekannte Völker zu stoßen, vermutlich sogar bis zu den ertragreichen Goldminen von Futa-Djalon zu gelangen, mit den Einheimischen in Handelsbeziehungen zu treten und Informationen über das noch kaum bekannte Reich der Songhai in Innerafrika zu sammeln. Wahrscheinlich trug sich Heinrich der Seefahrer mit dem Gedanken, über den Senegal-Fluß auch das Reich des geheimnisvollen ›Erzpriesters Johannes‹ zu erreichen.

Nach Lançarotes Heimkehr wuchs in Portugal die Zahl derer, die sich für die wirtschaftliche Erschließung der Senegal-Mündung und ihres Hinterlandes interessierten. So erwirkte der reiche Privatmann Dinís Dias bei Heinrich die Erlaubnis, auf eigene Kosten eine Expedition an die westafrikanische Küste zu unternehmen. Naturgemäß überwogen bei dem ungebildeten Dias die wirtschaftlichen Motive, die ihn zu einer solchen Fahrt veranlaßten. Im Vordergrund stand vor allem der lukrative Sklavenhandel, der sowohl vom Staat als auch von der Kirche kräftig gefördert wurde. Nachdem Dias die Senegal-Mündung passiert hatte, stieß er entgegen allen Erwartungen südlich der Wasserstraße auf ein Kap, das mit grüner Vegetation bedeckt war. So wundert es niemanden, daß er dieses Vorgebirge auf den Namen Cabo Verde (›Grünes Kap‹) taufte. Außerdem stellte Dias fest, daß sich die Küste südlich des Cabo Verde erst in südsüdöstlicher, dann in leicht südöstlicher Richtung erstreckt. Diese aufsehenerregende Nachricht, die nicht nur die portugiesischen, sondern auch die venezianischen und genuesischen Geographen interessierte, bestärkte Heinrich den Seefahrer und seine Mitarbeiter in der Hoffnung, daß der äußerste Punkt Südafrikas in der Nähe liegen müsse und die Einfahrt vom Atlantischen in den Indischen Ozean bevorstünde.

»Araber und Mohren auf dem Weg zum Senega«; aus der »Histoire générale des Voyages« von Prévost, 1748

Das Jahr 1446 brachte für die portugiesische Entdeckungs- und Kolonialpolitik jedoch zunächst einen harten Schlag: Nuno Tristão, einer der profiliertesten Seefahrer des 15. Jh., fand mit 18 seiner Landsleute vermutlich an der Mündung des Gambia-Flusses (daher auch Rio Nunez genannt) den Tod. Als die Portugiesen während einer Erkundungsfahrt entlang der westafrikanischen Küste Frischwasser aufnehmen wollten, hinderte eine Schar bewaffneter Schwarzer sie daran, an Land zu gehen. Schließlich landeten Tristão und seine Mannen einige Seemeilen südlich des Gambia, wo es dann zu einer kriegerischen Auseinandersetzung kam. Nur vier Matrosen und der Rechnungsführer der Flotte konnten sich retten. Trotz mangelhafter nautischer Kenntnisse gelang es diesen fünf, ihre Karavelle ohne nennenswerten Schaden nach Lissabon zu bringen. Dies war der erste ernsthafte Widerstand, den die Schwarzen den portugiesischen Eindringlingen entgegensetzten. Von nun an wurden die Karavellen verstärkt mit Schiffsartillerie bestückt und die Mannschaften auf bewaffnete Auseinandersetzungen vorbereitet. Der Kampf um die Landungsplätze an der westafrikanischen Küste und die Jagd nach schwarzen Sklaven waren in eine neue Phase getreten.

»Kleidung der Schwarzen am Kap Verde«; aus der »Histoire générale des Voyages« von Prévost, 1748

Vorstöße ins Innere Afrikas

Im selben Jahr, in dem Nuno Tristão starb, nahm ein Portugiese namens João Fernandes an einer von Antão Gonçalves durchgeführten Reise teil und ließ sich, angeblich freiwillig, am Rio do Ouro aussetzen, um das Hinterland zu erkunden. Fernandes' Vorhaben hatte Aussicht auf Erfolg, denn er beherrschte die Sprache der maurischen Azenaghen. Die Erkundungen, die er während seines sieben Monate dauernden Streifzuges in dieser Trockenlandschaft einzog, waren für Heinrich den Seefahrer sowohl aufschlußreich als auch enttäuschend. Denn die hier vermuteten Goldminen existierten nicht, und der Handel mit den ansässigen Nomadenstämmen war aus Mangel an interessantem Warenangebot alles andere als ertragreich. Außerdem erwies sich Fernandes' Aufenthalt bei den Westafrikanern als strapaziös und gefährlich zugleich. Er wurde all seiner Kleider beraubt und übel zugerichtet. Nur durch die Gunst eines Stammesfürsten gelangte er schließlich zur Küste, wo die von Heinrich ausgesandten

Landsleute Antão Gonçalves, Diogo Afonso und Garcia Homem den halbverhungerten und geschundenen Fernandes aufgriffen, ihn gesund pflegten und nach Lissabon brachten.

Trotz der vielen Drangsale, die Fernandes auf seiner Inlandreise erlitten hatte, entsandte der Infant zwei Jahre später den erfahrenen Diogo Gilhomen in einer diplomatischen Mission zum Cabo do Não. Ziel dieser heiklen Reise war es, ein Bündnis mit dem dort ansässigen schwarzen Potentaten zu schließen. Gilhomen kehrte jedoch nicht mehr zurück. Ob er am Cabo do Não festgehalten wurde oder ob er dort umgekommen ist, wissen wir nicht.

Obwohl jede Nachricht von Gilhomen fehlte, beauftragte Heinrich der Seefahrer noch im selben Jahr den dänischen Abenteurer Vollert (auch Vallarte), mit dem am Cabo Verde wohnenden schwarzen Häuptling ein Bündnis einzugehen. Es ging Heinrich darum, seinen Landsleuten, wenn sie ins Landesinnere vordrangen, um Sklaven zu jagen oder um Waren von den Einheimischen einzutauschen, Schutz und Sicherheit von seiten der Schwarzen zu gewähren. Gleichzeitig versuchten Heinrichs Leute, Nachrichten über den ›Erzpriester Johannes‹ zu erhalten. Vollerts Mission schlug jedoch auch fehl. Nach wie vor fehlt jede Spur des dänischen Abenteurers.

Nach dem tragischen Ende von Nuno Tristão und den ersten Versuchen, ins Innere Afrikas vorzudringen, trat eine fast zehnjährige Pause in den westafrikanischen Unternehmungen Heinrichs des Seefahrers ein. Der Hauptgrund hierfür dürfte wirtschaftlicher Natur gewesen sein. Bislang hatten sich die Portugiesen von Kap zu Kap, mit dem sogenannten Kapspringen, gleichsam vorgetastet, das Hinterland nur ein wenig erforscht, Menschenjagden veranstaltet, wenn sich Möglichkeiten dazu ergaben, und waren schließlich wieder in ihren Ausgangshafen Lagos zurückgekehrt. Derartige Vorstöße waren aber, nüchtern betrachtet, reiner Luxus; sie brachten dem armen portugiesischen Königreich kaum materiellen Gewinn ein. Angesichts des wachsenden Widerstandes einflußreicher Mitglieder des Hofes gegen Heinrichs westafrikanische Expeditionen mußte der ›Spiritus Rector‹ des Kap- und Inselspringens darangehen, geographischen Forscherdrang sinnvoll mit ökonomischer Rentabilität zu verbinden. Der Goldstaub, den die Portugiesen am Rio do Ouro als Lösegeld für mehrere maurische Gefangene erhalten hatten, erbrachte den Beweis, daß das Reich Ghana, neben den

»Schwarze, wie sie auf Palmbäume klettern«; aus der »Histoire générale des Voyages« von Prévost, 1748

politischen Organisationen Melli (Mali), Kanem und Songhai der berühmteste westafrikanische Staat im 15. Jh., ökonomisch interessant werden konnte. Große Bedeutung besaßen die Goldminen von Galam und Bambuk sowie die Salzminen Idjil, Teghaza (Togaza) und Bilma, deren Erzeugnisse über die wohl berühmteste Karawanenstraße von Bambuk und Galam über Kumbi Saleh, Walata, Timbuktu, Gao, Kugha und Kano nach Ägypten und in den Sudan gelangten. In Kano zweigte ein weiterer wichtiger Handelsweg über Agades und Ghat nach Tunis ab, das den Genuesen als Umschlagplatz wohlbekannt war. Die wirtschaftliche Konsolidierung der bisher erforschten und eroberten Gebiete in Westafrika erforderte naturgemäß eine gewisse Zeit, doch Rentabilität im ökonomischen Sinn war nun für Heinrich den Seefahrer zur Notwendigkeit geworden.

Ein weiterer Grund für die mehrjährige Unterbrechung der Unternehmungen war technischer Natur. Je weiter die portugiesischen Seefahrer entlang der westafrikanischen Küste in den Südatlantik vordrangen, desto größer wurden die Probleme der Verproviantierung. Aber auch die unbekannten Wind- und Meeresströmungen bereiteten Schwierigkeiten, deren Bewältigung ebenfalls Zeit brauchte.

Eine dritte Ursache für die Pause lag vermutlich in den immer häufiger auftretenden Feindseligkeiten der schwarzen Küstenbevölkerung. Der überraschende Tod Nuno Tristãos hatte gezeigt, daß sich die Bewohner Schwarzafrikas gegen die weißen Eindringlinge und Sklavenhändler aus dem Königreich Portugal zur Wehr setzten. Diese Tatsache zwang Heinrich und seine Leute umzudenken. Denn der Infant war ein Realist, er übereilte nichts und plante jedes westafrikanische Unternehmen mit großer Sorgfalt.

Ferner muß hervorgehoben werden, daß auch nach der Entdeckung des Cabo Verde noch immer kein konkretes Ergebnis über den tatsächlichen Verlauf der westafrikanischen Küste vorlag. Die hohen Investitionssummen, die Heinrichs Unternehmungen nach Westafrika mit vergleichsweise mageren Ergebnissen verschlangen, können durchaus ein Anlaß gewesen sein, die zukünftige koloniale Strategie gründlich zu überdenken.

Eine fünfte Ursache war wohl politischer Natur, denn nun trat der Nachbar Kastilien als Mitbewerber auf die kolonialpolitische Bühne. Vor allem die portugiesischen Niederlassungen auf Madeira und den Azoren stellten eine politische und wirtschaftliche Herausforderung für Kastilien dar. Darüber hinaus fürchtete das kastilische Königreich zu Recht, daß ihm der Weg nach Westafrika verbaut würde, wenn der portugiesische Monarch alle bisher von seinen Seefahrern entdeckten Gebiete als Eigentum betrachtete. Als Afonso V. dann noch seine Besitzansprüche auf die Kanarischen Inseln anmeldete – eine Forderung, die nicht neu war –, kam es zu Spannungen zwischen den beiden aufstrebenden Kolonialmächten, die in den Jahren 1451–54 sogar zu bewaffneten Auseinandersetzungen führten. Schließlich trat Papst Nikolaus V. als Schlichter zwischen die beiden katholischen Feinde. Durch eine Bulle vom 8. Januar 1454 sprach er den Portugiesen vom Cabo Bojador an über ganz Guinea bis zur Südspitze Afrikas – die genaue Ausdehnung dieser Gebiete war völlig unbekannt – das Eigentumsrecht zu. An politischer Arroganz scheint es Nikolaus V. nicht gefehlt zu haben. Die Kanarischen Inseln aber blieben im Besitz der Kastilier.

Erst sieben Jahre nach dem tragischen Ausgang der Gilhomen- und der Vollert-Expedition sandte Heinrich seine Leute wieder aus; sie sollten den Gambia-Strom erforschen, um auf dieser Wasserstraße das Reich des legendären ›Erzpriesters Johannes‹ zu erreichen. Mit diesem Unternehmen tritt besonders das politisch-religiöse Motiv in den Vordergrund. Heinrich beabsichtigte nämlich, mit dem christlichen König des ›exotischen‹ Reiches Äthiopien, dessen militärische Stärke er nicht einmal konkret kannte, eine militärische Allianz einzugehen, um dem Islam auf afrikanischem Boden erfolgreicher als bisher entgegenzutreten. Heinrich und ebenso der portugiesische Hof vertraten die irrige Meinung, mit Hilfe des Negus' von Äthiopien die muslimische Herrschaft in Afrika, die sich bis zum Senegal erstreckte, vernichten zu können. Doch die Entfernung von der Mündung des Gambia bis nach Aksum, der damaligen Hauptstadt Äthiopiens, betrug immerhin noch 6000 km! Wohl hatte man am portugiesischen Hof Kunde von äthiopischen Gesandtschaften, die ab und zu in Rom eintrafen, um dem Papst zu huldigen – unter dem Kaiser Zara-Jakob, einem strengen religiösen Reformator, nahm eine äthiopische Delegation 1439 am Konzil von Florenz teil –, aber konkrete Hinweise auf die wirtschaftliche, politische und kulturelle Lage des nach wie vor mysteriösen Staates in Ostafrika gab es in Lissabon nicht. Des weiteren war es bislang keinem portugiesischen Forscher, Gesandten oder Fernkaufmann gelungen, die große Handelsstraße, die vom Gambia-Fluß über Bambuk, Galam, Kumbi Saleh, Walata, Timbuktu, Gao, Kugha und Kano durch das Melli-Reich, nördlich des Tschadsees und quer durch das Gebiet der Darfur nach Äthiopien führte, zu erkunden.

Zu Beginn des Jahres 1455 beauftragte Heinrich also den aus Genua stammenden Seefahrer Antoniotto Usodimare, der angeblich wegen hoher Schulden aus seiner Heimatstadt geflohen und nach Lissabon gekommen war, mit dieser schwierigen Mission. Warum Heinrich gerade einen Fremden und dazu noch einen Bürger der Konkurrenzstadt mit diesem wichtigen Unternehmen betraute, wissen wir nicht genau. Vermutlich haben die großen nautischen Erfahrungen des Genuesen eine Rolle gespielt. Ferner dürfte Heinrich Usodimare schlicht erpreßt haben: Entweder nahm er den gefährlichen Auftrag an, oder er wurde wieder nach Genua geschickt, wo seine Gläubiger auf ihn warteten und ihm Gefängnis drohte.

Usodimares Fahrt erbrachte magere Ergebnisse, von denen wir erst durch einen Brief erfahren haben, den der dänische Forscher Graberg 1802 in einem Archiv in Genua entdeckte. In diesem Dokument behauptet Usodimare, daß er ›ziemlich‹ nahe an das Reich des Negus' herangekommen sei und daß er Melli (Mali) ›fast‹ erreicht habe. Beide Namen müssen Heinrich in Staunen versetzt haben! In Wirklichkeit aber hatte der Genuese weder Äthiopien noch Melli erreicht. Wäre dies der Fall gewesen, so hätte er seine Aufträge erfüllt. Erst 1481 nahm der Herrscher von Melli, Mandi Mansa Mamadu, Kontakt mit dem portugiesischen Königreich auf. Der politisch und militärisch stark geschwächte Potentat schickte eine Delegation zu den am Gambia-Fluß ansässigen Portugiesen, um sie um Hilfe gegen die Songhai und die Wolof zu bitten. König João II. ließ Mandi Mansa Mamadu freundlich grüßen, und bei diesen Grüßen blieb es dann auch.

Parallel zu Usodimares Unternehmen schickte Heinrich eine Expedition unter Leitung des Italieners Alvise da Cadamosto (auch Cà da Mosto) an die westafrikanische Küste. Cadamosto stammte aus der Konkurrenzstadt Venedig. Auf einer Fahrt nach Flandern war er durch einen

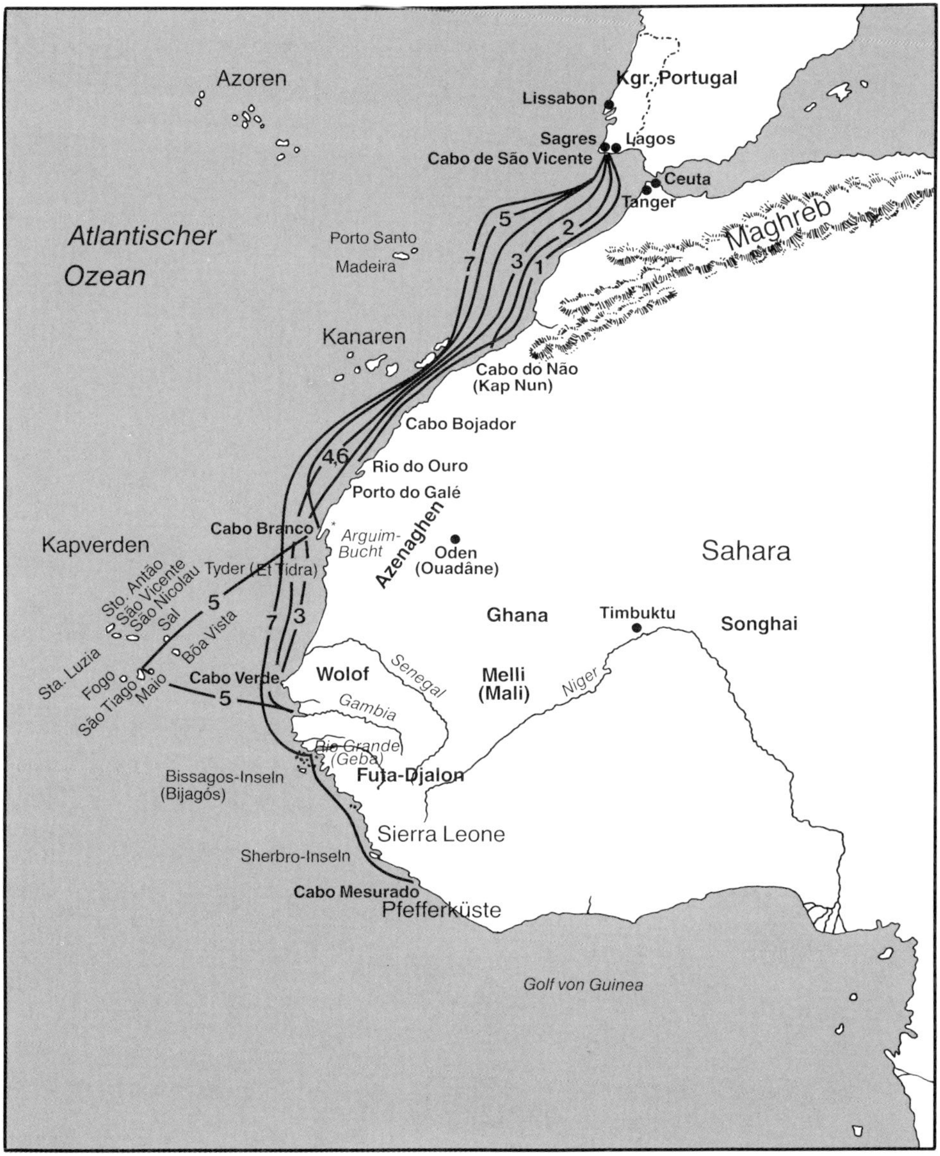

*Vorstöße ins Landesinnere und die Erforschung der westafrikanischen Küste bis zum Tod Heinrichs des Seefahrers: 1 Fernandes 1446, 2 Gilhomen 1448, 3 Vollert 1448, 4 Usodimare 1455, 5 Cadamosto 1456, 6 Gomes 1457, 7 Sintra 1460/61 * portugiesische Faktorei*

Sturm gezwungen worden, am Cabo de São Vicente an Land zu gehen. Er blieb dann in Portugal, und Heinrich stellte ihn aufgrund der nautischen Fähigkeiten in den Dienst seiner kosmopolitischen Mannschaft. Der erste Versuch Cadamostos am 22. März 1455, über den Gambia landeinwärts zu dringen, schlug jedoch fehl. Die Eingeborenen hinderten ihn mit Waffengewalt daran weiterzufahren.

Ein Jahr später beauftragte Heinrich den Venezianer erneut, den Gambia zu befahren. Der Zufall wollte es, daß Cadamosto von der Route abgetrieben wurde und die östlichen Kapverden, die heutigen Inseln Sal, Bõa Vista, Maio, São Tiago und Fogo, entdeckte. Verschiedene Geschichtsschreiber, ja sogar der bekannte portugiesische Chronist João de Barros, sprechen dem Venezianer die Tat jedoch ab. Für Barros war es Antonio di Noli, der die Inseln fand. Die tiefgründige Studie des deutschen Gelehrten Josef Rackl (1898) aber hat ergeben, daß Cadamosto tatsächlich den Archipel entdeckt und daß di Noli ihn erkundet hat. Die westlichen Kapverden, die heutigen Inseln São Nicolau, Santa Luzia, Santo Antão und São Vicente sowie die kleinen Inseln Brava, Branca, Razo, Grande, Cima und Luis Carmeiro, hingegen wurden etwa fünf Jahre später durch den portugiesischen Seefahrer Diogo Afonso bekannt. Sowohl die Angaben über das genaue Datum der Entdeckung als auch über die Person des Entdeckers selbst widersprechen einander. Entscheidend ist jedoch die Tatsache, daß die portugiesischen Seefahrer von nun an über drei Stützpunkte im Atlantischen Ozean verfügten: über das Madeira-Archipel, die Azoren und die Kapverden. Es versteht sich von selbst, daß diese Inseln für die Verproviantierung der Karavellen sowohl auf dem Weg nach Indien als auch nach Brasilien eine bedeutende Rolle spielen sollten. Die Kapverden erschienen zum ersten Mal auf der berühmten Benincasa-Karte von 1468, auf der bereits alle Inseln des Archipels benannt sind.

Cadamosto hielt sich nur kurze Zeit auf den Kapverden auf. Er taufte zwei der Inseln auf die Namen Bõa Vista und São Tiago und nahm Kurs auf die Mündung des Gambia, den er auf einer Strecke von fast 100 km befuhr. Es gelang ihm, mit einheimischen Häuptlingen in Kontakt zu treten und einige Sklaven sowie etwas Goldstaub einzuhandeln. Nach einem 14tägigen Aufenthalt am Gambia mußte Cadamosto seine geplante Weiterfahrt jedoch aufgeben, denn ein furchtbares Fieber hatte mehr als ein Drittel der Mannschaft dahingerafft. Enttäuscht kehrte der Venezianer dem Gambia den Rücken, zumal die Einheimischen ihn daran hinderten, die Ufer des Flusses zu erkunden.

Welche Wichtigkeit Heinrich der Seefahrer dem Unternehmen beimaß, Äthiopien auf dem kombinierten Wasser- und Landweg zu erreichen, zeigt, daß er trotz der beiden fehlgeschlagenen Expeditionen Usodimares und Cadamostos einen dritten Versuch unternahm, den Hof des ›Erzpriesters Johannes‹ über den Gambia zu erreichen. Der portugiesische Seefahrer Diogo Gomes gelangte 1457 möglicherweise bis zu den Stromschnellen von Barracunda, weiter nicht. Die Nachrichten, die Gomes über die Goldproduktion im Sudan nach Lissabon mitbrachte, entsprachen nicht den tatsächlichen Gegebenheiten, wie eine spätere Untersuchung ergab. Neue geographische und ethnologische Erkenntnisse über das riesige Gebiet des Melli-Reiches ergaben sich nicht.

Im Jahre 1456 hatte der Papst die geistliche Herrschaft über die entdeckten Länder vom Cabo Bojador bis nach Indien dem portugiesischen Monarchen übertragen. So sandte Heinrich

Alvise da Cadamosto

Pedro de Sintra; Skulptur von Alvaro de Brée, 20. Jh.

nach der Rückkehr Cadamostos mehrere Missionare an den Gambia, um die ›heidnischen‹ Schwarzen zum ›wahren‹ Glauben zu bekehren. Doch brachte dieses Unternehmen keine allzu großen Resultate.

Die Expedition Diogo Gomes' war die letzte, die vor Heinrichs Ableben an die westafrikanische Küste durchgeführt wurde. Nach der Eroberung der nordafrikanischen Stadt Alcazar-Céguer (Ksar es Seghir) durch ein starkes portugiesisches Heer im Jahre 1458 leitete der Infant 1460 noch eine weitere Expedition in die Wege, mit der er den erfahrenen Pedro de Sintra betraute. Sintra segelte am Cabo Verde und an der Mündung des Gambia vorbei, entdeckte die Bissagos (Bijagós), eine Gruppe von etwa 20 kleinen Inseln vor der ungesunden, feuchtheißen Küste Guineas, die Küste von Sierra Leone, die Sherbro-Inseln und die Pfefferküste im heutigen Liberia. Er gelangte bis zum Cabo Mesurado, in die Nähe der heutigen Hauptstadt Liberias, Monrovia. Doch noch bevor Sintra wieder nach Portugal zurückgekehrt war, starb Heinrich der Seefahrer am 13. November 1460 vermutlich am Cabo de São Vicente oder in Sagres. Er wurde zunächst in Lagos bestattet und später in der königlichen Gruft des Klosters Santa Maria da Vitória zu Batalha beigesetzt.

Heinrich der Seefahrer – Begründer der Gewürzroute

Heinrich, in der portugiesischen Geschichte als Heinrich der Seefahrer bekannt, obwohl er nie über die Meerenge von Gibraltar hinaussegelte, der fernab von den Intrigen und dem leichtsinnigen Treiben am Hofe in Sintra die erste Phase des portugiesischen Übersee-Unternehmens plante, ist nach wie vor eine der umstrittensten Persönlichkeiten in der portugiesischen Entdeckungsgeschichte. Während die einen ihn für einen Abenteurer und Sklavenhändler schlechthin halten, sehen die anderen in ihm einen aufrechten Wissenschaftler und den eigentlichen Begründer des *Estado da India.*

Heinrich der Seefahrer wurde am 3. März 1394 in Oporto (Porto) als dritter Sohn Joãos I. und dessen Gemahlin Filipa de Lencestre geboren. Es gelang ihm, sich sehr früh der Verpflichtungen bei Hofe zu entledigen und gemäß dem Wahlspruch ›*Talent de bien faire*‹ seinem Land über den Weg der Wissenschaften jenen politischen und wirtschaftlichen Ruhm zu sichern, den andere Staaten auf dem Schlachtfeld zu erringen versuchten. Bei der Eroberung der wichtigen nordafrikanischen Handelsstadt Ceuta im Jahre 1415, dem Auftakt zur Europäisierung der Erde, trat Heinrich als Kommandeur hervor. Der Infant, der kaum eine Chance besaß, seinem Vater in der Regierung zu folgen, kehrte nach diesem ersten verheißungsvollen Auftritt seiner militärischen Laufbahn den Rücken. Von nun an leitete er persönlich sowohl alle Expeditionen zur Erkundung der westafrikanischen Küste als auch die gesamte Expansionspolitik des kleinen Königreiches. Als Großmeister des Avis-Ordens verfügte er über bedeutende finanzielle Mittel, die er restlich in die etappenweise durchgeführten Vorstöße entlang der westafrikanischen Küste investierte. Wohl war Heinrich noch mehrere Male an Feldzügen im Maghreb beteiligt – das von hohen Verlusten begleitete Unternehmen vor Tanger im Jahre 1437 scheiterte vor allem infolge einer strategischen Fehlkalkulation des Infanten –, doch lag das Schwergewicht seiner Tätigkeit auf wissenschaftlichem, nicht auf militärischem und politischem Gebiet. Nach der Eroberung der Festung von Ceuta zog er Erkundigungen über den westsudanesischen Markt ein. Darüber hinaus sammelte er Portulane, Seekarten und nautische Instrumente und ließ hauptsächlich arabische Werke über Mathematik, Nautik und Geographie auswerten. Die zahlreichen Fachkenntnisse, die sein emsiger und reiselustiger Bruder Pedro von seinen ausgedehnten Reisen quer durch Südeuropa mitgebracht hatte, machte er sich zunutze. Bezeichnend für Heinrichs geographischen Weitblick war seine Bekanntschaft mit dem 1391 zum Christentum übergetretenen jüdischen Kartographen Jaime Ribes (vormals Jafuda Cresques), dem Sohn des Kartenzeichners Abraham Cresques, der auf Anregung Joãos I. den »Katalanischen Atlas« entworfen hatte. Das Werk, das zwischen 1375 und 1377 entstand und die Blüte der mittelalterlichen Kartenkunst darstellt, fußte weitgehend auf arabischen Kenntnissen.

Daß sich der Prinz fast immer in Sagres in Südportugal aufhielt, stets von dort aus die westafrikanischen Unternehmen leitete, dort eine Marine-Akademie gründete und ein Observatorium errichten ließ, wie so mancher portugiesische Historiker behauptete, muß mangels eindeutiger Beweise ins Reich der Fabeln verwiesen werden. Lagos im Süden des portugiesischen Königreiches, nicht Sagres, war Ausgangspunkt aller wichtigen Expeditionen zur Erkundung der westafrikanischen Küste. Diese Stadt besuchte Heinrich des öfteren, zumal hier fast alle Sklavenladungen aus Schwarzafrika ankamen. Von der *Vila do Infante,* Heinrichs Lieblingsort, wissen wir aus mehreren sicheren Quellen: Der portugiesische Chronist Gomes Eanes de Zurara berichtet, daß der Infant am Cabo de São Vicente eine Stadt anlegte; von einer Stadt im heutigen Sinn kann jedoch nicht die Rede sein. Der Seefahrer Alvise da Cadamosto, der am 8. August 1454 auf seiner Fahrt nach Flandern am Cabo de São Vicente vorbeisegelte und oberhalb dieses Vorgebirges an Land ging, überliefert uns, daß die Vila do Infante unter der Bezeichnung *Reposera* (Ruhestätte) bekannt war. Eine Marine-Akademie, die Heinrich der Seefahrer in Sagres gegründet haben soll, erwähnt aber kein einziges Dokument. Es darf jedoch angenommen werden, daß der Infant in den letzten Jahren seines arbeitsreichen Lebens mit der Unterstützung des Meisters Jakobus eine kleine Gruppe von Seeleuten in Nautik und Geographie unterrichtete.

Heinrich der Seefahrer

Als Heinrich der Seefahrer am 13. November 1460 in Sagres starb, hatte Portugal die westafrikanische Küste bereits bis nach Sierra Leone entschleiert und größtenteils erforscht. Manchen Historikern kamen die geographischen, wirtschaftlichen und ethnographischen Ergebnisse dieser zahlreichen Expeditionen eher gering vor. Doch gibt es Gründe genug dafür, warum sich die Seefahrer nur langsam und schrittweise vortasten konnten: Sie hatten Neuland vor sich, dessen Beschaffenheit ihnen völlig unbekannt war. Sie wußten weder über Wasserströmungen noch über Windverhältnisse Bescheid. Je weiter sie auf dem südlichen Atlantik vordrangen, desto unheimlicher wurde er ihnen. Jahrelang mußte Heinrich gegen die unwahrscheinlichsten Theorien über die Unbezwingbarkeit des Cabo do Não und des Cabo Bojador ankämpfen. Die Behauptungen der Geographen des Altertums galten, trotz nie erbrachter Beweise, noch immer als unumstößlich.

Weil der Infant niemals persönlich an einer Expedition teilnahm – warum, ist nicht genau bekannt –, sondern das Kommando stets einem Mann seines Vertrauens übergab, wurden viele seiner Aufträge, die er in allen Einzelheiten ausarbeitete, nicht oder nur oberflächlich ausgeführt. So kam es, daß Heinrichs Lebenswerk mehr als einmal falsch beurteilt wurde. Der portugiesische Historiker Duarte Leite wirft Heinrich vor, er habe seine Einkünfte aus dem

Befestigungsanlagen von Lagos, Südportugal

Die Festung von Sagres, Südportugal, mit der angeblichen Windrose aus der Zeit Heinrichs des Seefahrers

Avis-Orden größtenteils vergeudet, um lediglich seine persönliche Ruhmsucht zu befriedigen. Zahlreiche Schiffsbesatzungen seien wegen seiner ehrgeizigen Pläne in den Tod gegangen. Der deutsche Historiker Georg Friederici übertrifft Leite noch, wenn er behauptet, Heinrichs Expeditionen hätten ausschließlich Razzien entlang der westafrikanischen Küste zum Ziel gehabt.

Es läßt sich keineswegs leugnen, daß der verwerfliche Menschenhandel, der von den Portugiesen begonnen und von den Kastiliern, Engländern, Niederländern, Franzosen, Belgiern und schließlich den Deutschen fortgesetzt wurde, einen Schatten auf die Persönlichkeit Heinrichs des Seefahrers wirft. Doch muß dieser Sklavenhandel in seinem historischen Umfeld gesehen werden. Im 15. Jh. gab es noch kein Völkerrecht, das derartigen Praktiken, wenigstens auf dem Papier, hätte Einhalt gebieten können. Die Portugiesen verstanden ihre Entdeckungsfahrten als Weiterführung der christlichen Reconquista, woraus sie das Recht ableiteten, Gefangene machen zu dürfen. Auch zahlreiche afrikanische Gesellschaften kannten die Sklaverei, so die Tekrur, Melli (Mali), Songhai und Mossi, um nur einige zu erwähnen. Manche schwarze Potentaten betrachteten ihre Untertanen als reine Sache oder Handelsgut, das jeder politischen Rechte entbehrte. Für die muslimischen Tuareg stellten die schwarzen Sklaven ein wichtiges Element ihrer politischen und wirtschaftlichen Organisation dar. Unter den christlichen Merowingern war Verdun als Umschlagplatz für Sklaven zwischen slawischer und arabischer Welt berühmt. Die Herren in Lissabon und Lagos behandelten die schwarzen Sklaven noch nicht so hart wie die Kolonialherren des 18. und 19. Jh. Vergleicht man die kollektiven Völkermorde des 20. Jh. – trotz Völkerrecht und pausenloser Beteuerung der Gleichheit aller Menschen, gleich welcher Hautfarbe – mit dem Menschenhandel Heinrichs des Seefahrers, so wird man zugeben müssen, daß Heinrichs Vorgehen gegen die westafrikanische Bevölkerung nicht allzu hart beurteilt werden darf. Dies sei als Vergleich angeführt, nicht als Entschuldigung!

Heinrichs Ziel bestand in erster Linie nicht darin – wie manche Historiker dennoch behaupten –, eine direkte See- und Handelsverbindung zwischen Lissabon und Calicut zu errichten, um an die indischen Reichtümer zu gelangen, sondern es ging ihm vielmehr darum, das Land des legendären ›Erzpriesters‹, des Herrschers von Äthiopien, zu erkunden, um mit diesem ein Bündnis gegen den Islam abzuschließen. Obwohl einige Delegationen aus europäischen Ländern, so unter anderem aus dem Kirchenstaat, nach Äthiopien gelangten, blieben die politischen und wirtschaftlichen Strukturen dieses riesigen Landes zunächst unbekannt. Denn die Reise durch das islamische Ägypten war damals mit großen Schwierigkeiten verbunden. Unter der Herrschaft des äthiopischen Kaisers David I. (1382–1411) kam es zwar zum regelmäßigen Gedankenaustausch mit verschiedenen italienischen Republiken, vor allem mit Venedig, und zur Zeit Zara-Jakobs (1434–68), des Sohnes von David I., erschien auf Wunsch des Papstes Eugen IV. eine äthiopische Delegation auf dem Konzil von Florenz. Eine enge militärische Zusammenarbeit, wie sie sich Heinrich der Seefahrer vorstellte, um dem Vordringen des Islam in Afrika Einhalt zu gebieten, wurde indes nie realisiert. Im Jahre 1456 sandte Papst Calixtus III. einen Brief an den Kaiser von Äthiopien, in dem der Dominus Orbis den christlichen Negus aufforderte, gemeinsam mit den europäischen Staaten gegen den Islam zu kämpfen, was jedoch bei Zara-Jakob auf wenig Gegenliebe stieß. An dieser Stelle muß hervorgehoben werden, daß

Äthiopier und Mosambikaner; Stich von 1614

die schlecht ausgerüsteten Truppen des Negus' nur sehr wenig gegen die gut und fanatisch kämpfenden Streiter des Islam ausgerichtet hätten. Erst der portugiesische Indienfahrer Pedro de Covilhão gelangte – über Land – nach Äthiopien und bis an den Hof des Kaisers Naod (1494–1508). Im Jahre 1541 rettete Vasco da Gamas Sohn, Cristovão da Gama, mit 400 Portugiesen den Thron des Negus' vor dem Zugriff der muslimischen Somal. Doch auch nach diesem Sieg blieb Äthiopien *Terra incognita* für die Portugiesen.

Heinrichs Initiative und Drang nach Übersee ist es zu verdanken, daß sich die Portugiesen, gefolgt von anderen europäischen Nationen, überhaupt für die geographische und ethnographische Erforschung der außereuropäischen Länder interessierten. Nicht eine stattliche Anzahl von westafrikanischen Gebieten erkundet zu haben, sondern die bewundernswerte Ausdauer, mit welcher der Infant bis zu seinem Ableben eine Expedition nach der anderen aussandte, um den Schleier des Geheimnisses über den bis dahin unbekannten Territorien zu lüften, ist sein Hauptverdienst. Heinrichs überseeische Unternehmen hatten zur Folge, daß die klassischen Theorien über die Beschaffenheit der westafrikanischen Küste umgestoßen und durch Tatsachenberichte ersetzt wurden. Seine geographischen Vorarbeiten machten die großen Fahrten eines Diogo Cão, eines Bartolomeu Dias und eines Vasco da Gama erst möglich. Ferner darf man ihn als ›Vater der Kartographie‹ bezeichnen. Er veranlaßte, daß die geographischen Ergebnisse jeder Fahrt zu Papier gebracht wurden und gab dadurch der Kartographie den entscheidenden Aufschwung.

Die Erschließung des Golfs von Guinea

Nach dem Tod Heinrichs des Seefahrers führte König Afonso V. der Afrikaner das portugiesische Entdeckungswerk fort – wenn auch nicht mit der gleichen Zielstrebigkeit. Obwohl er sich stärker der Eroberung der nordafrikanischen Festungen und Handelsplätze widmete, machte die Entschleierung Westafrikas während seiner Regierungszeit große Fortschritte.

Die Expedition Pedro de Sintras hatte gezeigt, daß sich die westafrikanische Küste hinter dem Cabo Mesurado kontinuierlich nach Osten erstreckt. So wuchs am portugiesischen Hof von neuem die Hoffnung, daß die Südspitze Afrikas in greifbarer Nähe läge. Es konnte nur noch eine Frage der Zeit sein, bis es einer gut ausgerüsteten Expedition gelingen würde, den Kontinent zu umschiffen. Daß es nach Sintras Fahrt jedoch wieder fast zehn Jahre dauern sollte, bis Portugal einen neuen Vorstoß in Richtung Südafrika unternahm, dafür gibt es stichhaltige Gründe: Eine der Hauptursachen lag ohne Zweifel im Tod Heinrichs des Seefahrers, denn ausschließlich bei ihm hatten Planung, Finanzierung und Verantwortung aller westafrikanischen Unternehmungen gelegen. Bis diese Lücke geschlossen war und König Afonso sich in seine koloniale Rolle eingelebt hatte, vergingen notgedrungen einige Jahre. Von nun an wurde in Lissabon, nicht mehr in Lagos, westafrikanische Politik betrieben. Daneben muß ein zweiter Grund hervorgehoben werden: Die Forschertätigkeit Heinrichs des Seefahrers hatte dem militärisch schwachen Portugal wohl Prestige und eine Menge neuer geographischer und ethnologischer Kenntnisse gebracht, doch der erhoffte materielle Gewinn war bisher ausgeblieben, und die Einnahmen aus dem Sklavenhandel deckten die Kosten nicht. Hinzu kam noch, daß einige neuentdeckte Landstriche Westafrikas vom Klima her für die Portugiesen ungesund und ungeeignet waren, Faktoreien zu errichten. Die reichen arabischen Handelsstädte Tanger und Arzila (Asilah) dagegen lagen wesentlich näher, und so läßt sich erklären, warum Afonso der Eroberung dieser Städte (1471) die Priorität einräumte. Zuletzt sei noch der kastilische Erbfolgekrieg erwähnt, in den Portugal verwickelt war.

Bis zu seinem Todesjahr 1460 hatte Heinrich der Seefahrer alle wirtschaftlichen Nutzungsrechte aus den von seinen Leuten entdeckten Landstrichen Westafrikas inne. Neun Jahre später jedoch verpachtete König Afonso diese Rechte an den portugiesischen Geschäftsmann Fernão Gomes. Dadurch veräußerte der Monarch, der im übrigen seinen Freunden im In- und Ausland auch geographische und ethnographische Kenntnisse über die entdeckten Landstriche Westafrikas zukommen ließ – bisher hatten diese als strikte Staatsgeheimnisse gegolten –, königliche Vorrechte an eine Privatperson. Als Gegenleistung verpflichtete Gomes sich, von Sierra Leone

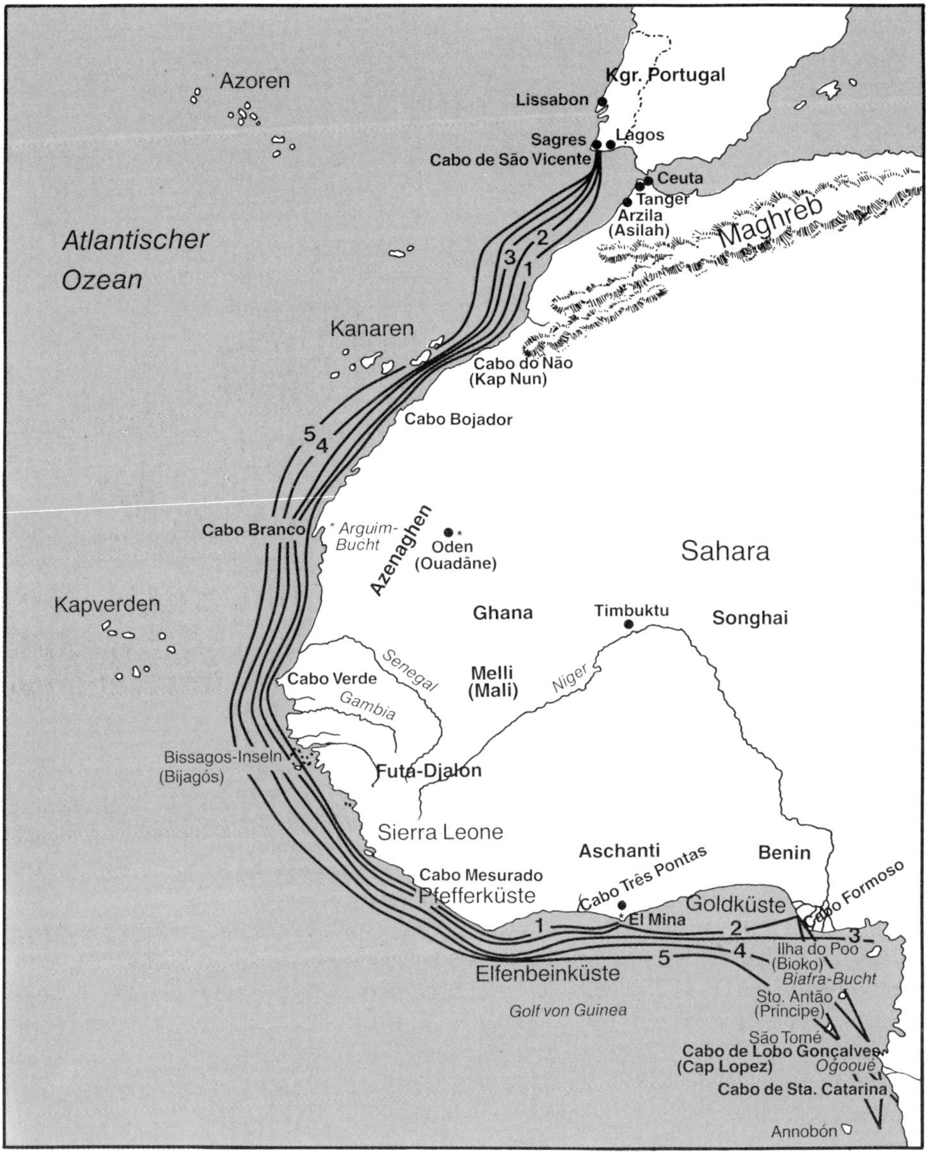

*Die Erschließung des Golfs von Guinea: 1 Costa 1470, 2 Santarém, Escobar 1471, 3 Poo 1472/73, 4 Gonçalves 1474, 5 Sequeira 1475 * portugiesische Faktorei*

Die portugiesische Festungsanlage in Asilah, Marokko

an jährlich 100 Leguas (ca. 600 km) geographisches Neuland entlang der westafrikanischen Küste zu entdecken. Außerdem mußte er eine einmalige Zahlung an die königliche Staatskasse entrichten. Die Laufzeit des Vertrages, aus dem die Handelskontore von Arguim und den südlicheren Inseln allerdings ausgenommen waren, betrug fünf Jahre.

Über die Privatexpeditionen des Handelsherrn Gomes gibt es keine schriftlichen Berichte, so daß sich die folgenden Angaben nur auf Vermutungen stützen. Der in der Nautik völlig unerfahrene Gomes beauftragte den portugiesischen Schiffskapitän Soeiro da Costa mit der Durchführung der ersten Expedition. Vom Cabo Mesurado aus, dem äußersten von Pedro de Sintra erreichten Punkt, gelang es diesem erfahrenen Seemann im Jahre 1470, fast 1000 km Neuland zu entdecken (und zu erforschen?). Costa fügte dem Imperium Afonsos somit die gesamte Elfenbeinküste und einen Teil der Goldküste bis zum Cabo Três Pontas bei, ohne daß sich der Monarch um die portugiesische Kolonialpolitik kümmerte.

Ein Jahr nach der Costa-Expedition unternahmen die Seefahrer João de Santarém und Pedro de Escobar (auch Escovar oder Escolar) mit den beiden tüchtigsten Steuermännern jener Zeit, Alvaro Esteves und Martin Fernandes, eine Reise, die sie bis in das Reich der Aschanti an der Goldküste (heute Ghana) und zur Goldmine Samma führte, von der aus das Edelmetall auf

Dromedaren an die westafrikanische Küste transportiert wurde. Auf ihrem weiteren Vorstoß erreichten sie vermutlich das Cabo Formoso, den südlichsten Punkt des Niger-Deltas. Schließlich sollen sie am 21. Dezember 1471 die Vulkaninsel São Tomé und am 1. Januar 1472 die Insel Annobón, 180 km südsüdwestlich von São Tomé, sowie die Insel Santo Antão, 145 km nördlich von São Tomé, entdeckt haben. Santo Antão erhielt später zu Ehren des Königs João II. den Namen Ilha do Príncipe (›Insel des Prinzen‹).

Während einer dritten Expedition entdeckte (angeblich) der Seefahrer Fernão do Poo im Jahre 1472 (oder 1473?) die nachträglich nach ihm benannte Insel Ilha do Poo (Bioko) in der Biafra-Bucht. Poo selbst hatte die Insel Ilha Formosa (›Die liebliche Insel‹) getauft.

Im Jahre 1474 überschritt Lobo Gonçalves schließlich den Äquator und entdeckte das Cabo de Lobo Gonçalves (Cap Lopez), den nördlichsten Punkt des Ogooué-Deltas. Ein Jahr später erreichte Ruy de Sequeira das unter 2° südlicher Breite liegende Cabo de Santa Catarina.

Dank Gomes' Initiative waren innerhalb von drei Jahren die Gebiete der Elfenbeinküste, der Goldküste, der heutigen Staaten Togo, Benin, Nigeria, Kamerun, Äquatorial-Guinea und der nördliche Teil Gabuns erforscht sowie der gesamte Golf von Guinea für die portugiesische Schiffahrt erschlossen worden.

Die portugiesische Festung Dar el Bahr in Safi, Marokko, deren Bau ein Jahr nach dem Abschluß des Vertrages von Alcáçovas begann

Portugals Einbruch in den Golf von Guinea ließ die alten dynastischen Gegensätze der beiden iberischen Herrscherhäuser von neuem aufleben. Seit den Entdeckungen des privaten Unternehmers Fernão Gomes erlebte die portugiesische Wirtschaft einen Aufschwung, denn nun war es den Händlern möglich, an der westafrikanischen Küste Gold und Goldstaub aus der Mine Samma gegen andere Waren einzutauschen. Gerade dieses Edelmetall war es, das die Kastilier beunruhigte, denn ein lukrativer Goldhandel bedeutete für Portugal einen politischen und wirtschaftlichen Zuwachs an Macht. Als Afonso, Oheim und Verlobter Juanas (Beltraneja), der Tochter des verstorbenen kastilischen Königs Henrique IV., die Thronrechte seiner Nichte gegen Isabel verteidigte, antwortete Isabel mit einem Handelskrieg. Sie forderte ihre Landsleute auf, Portugal die neuentdeckten Landstriche an der Küste Westafrikas zu entreißen und den Handel zu übernehmen, obwohl zwei päpstliche Bullen ausdrücklich den Portugiesen dieses Monopol zusicherten. Während sich Portugals Seefahrer und Handelsleute bemühten, die westafrikanische Küste systematisch zu erforschen, versuchten die Kastilier, ökonomischen Gewinn daraus zu schlagen, ohne daß sie sich Risiken aussetzen mußten. Immer wieder drangen kastilische Schiffe in den ›portugiesischen‹ Golf von Guinea ein und brachten Sklavenladungen nach Sevilla. Im Jahre 1476 spitzte sich der Konflikt zu: Eine in andalusischen Häfen ausgerüstete Flotte lauerte den Karavellen des Diogo Gomes auf, um deren Ladung zu beschlagnahmen. Der Versuch mißlang jedoch. Als beide Widersacher einsahen, daß der Streit nicht mit militärischen Mitteln beizulegen war, setzten sie sich an den Verhandlungstisch. Nach langem Feilschen kam es am 4. September 1479 zum Abschluß des Vertrages von Alcáçovas. Afonso V. gab seinen Anspruch auf den kastilischen Thron endgültig auf und erkannte Isabel als dessen rechtmäßige Inhaberin an. Kronprinz João (der spätere João II.), dem Afonso nach dem Ablauf des Vertrages mit Fernão Gomes 1474 sämtliche Kolonialangelegenheiten übertragen hatte, wurde in seinen Rechten als Verantwortlicher für Portugals Afrika-Politik bestätigt. Um weitere Zusammenstöße zwischen den beiden aufstrebenden Kolonialmächten zu vermeiden, regelte man auch die zukünftigen Interessen in Übersee. Portugal erhielt das Madeira-Archipel, die Azoren sowie die Kapverden und verzichtete endgültig auf die Kanarischen Inseln. Kastilien seinerseits erkannte Lissabons Rechte auf alle ent-

König João II. der Perfekte; Gemälde von Antônio Menéndez

São Jorge da Mina, Stützpunkt der Portugiesen am Golf von Guinea

deckten und noch zu entdeckenden Gebiete an der westafrikanischen Küste an, ferner das portugiesische Handelsmonopol in diesen Gegenden. Dieser Vertrag, der am 6. März 1480 in Toledo ratifiziert wurde, beendete den nach dem Tod Henriques IV. (1474) ausgebrochenen Zwist zwischen Portugal und Kastilien-Aragonien. Beide Seiten hatten in diesem Konflikt große Verluste und finanzielle Einbußen erlitten.

Im Jahre 1481 starb Afonso V., ›König von Portugal und der beiden Algarven diesseits und jenseits des Meeres‹. Unter seinem Nachfolger João II. dem Perfekten, dem der spanische Dichter Lope de Vega ein Jahrhundert später das Schauspiel »El Príncipe perfecto« widmete, erhielt das fast zum Erliegen gekommene Entdeckungswerk Heinrichs des Seefahrers neuen Auftrieb. João II. hielt die Zeit für gekommen, den Guinea-Handel militärisch abzusichern. Im Dezember ließ er unter dem Kommando von Admiral Diogo d'Azambuja eine Flotte von Lissabon auslaufen, deren Besatzung im Land der Aschanti einen Hafen und ein Fort bauen sollte. Am 19. Januar 1482 ging Azambuja unter 5°5′ südlicher Breite (im heutigen Ghana) an Land, wo er höchstpersönlich bereits am 21. Januar 1482 den Grundstein für die dem heiligen Georg gewidmete Festung São Jorge da Mina legte. Der größte Teil des Baumaterials, aus dem die portugiesischen Handwerker das Fort an Ort und Stelle errichteten, stammte aus dem Mutterland. Eine Garnison von etwa 500 Soldaten blieb zurück, um die Festung zu sichern.

Die Stelle, an der die Portugiesen sich niedergelassen hatten, war zwar klimatisch ziemlich ungesund, lag strategisch aber sehr günstig. Schon bald entwickelte sich El Mina zu einem bedeutenden Umschlagplatz, an dem die portugiesischen Händler Gold und Goldstaub gegen ihre Waren eintauschten. Gleichzeitig bot sich die Festung als geeignete Ausgangsbasis für alle zukünftigen Vorstöße in Richtung Südafrika an. Später diente sie als Zwischenstation auf der langen Seeroute Lissabon–Calicut, wo die Karavellen Proviant aufnehmen und vor einem etwaigen Feind im Golf von Guinea Zuflucht finden konnten. Portugal hatte sich auf Dauer in El Mina eingerichtet.

João II. ließ ebenfalls in dem bedeutenden Karawanenknotenpunkt Oden (Ouadâne), ca. 550 km landeinwärts vom Golf von Arguim, eine Faktorei einrichten. Durch diesen Ort verliefen die Handelswege vom Golf von Guinea, von Melli (Mali), Timbuktu und Teghaza (Togaza) in den Maghreb, auf denen u. a. Gold und Guineapfeffer transportiert wurden.

Die Fahrten Diogo Cãos

»Nach der Erbauung des Forts San Jorge nahm der König den Titel eines Herrn von Guinea an und befahl den Hauptleuten, die er auf Entdeckungen aussandte, an den wichtigsten Stellen der afrikanischen Küste, die sie entdecken würden, statt Holzkreuze steinerne Pfeiler mit Inschriften in lateinischer und portugiesischer Sprache aufzustellen, worin mitgeteilt werden sollte, in welchem Jahr, unter wessen Regierung und von welchem Entdecker der Pfeiler errichtet worden war. Der erste, der dies ausführte, war Diogo Cão...

Er entdeckte einen ansehnlichen Fluß, an dessen Mündung er einen Pfeiler aufstellte, um dadurch von der gesamten Küstenstrecke bis zum Südufer Besitz zu ergreifen. Er nannte ihn damals Rio San Jorge; jetzt nennen wir ihn Kongo, weil er das gleichnamige Reich durchströmt. Bei den Einwohnern heißt er Zaire...

Cão segelte dann noch 200 Meilen weiter südwärts und stellte noch zwei weitere Pfeiler auf, den einen unter 13 Grad südlicher Breite an einem Punkt, den er Kap Augustin nannte, den anderen unter 22 Grad auf einem Vorgebirge, das hiervon den Namen Cabo do Padrão erhielt.«

João de Barros: Da Asia. Lib. III, Dec. I, Cap. 2. 1552

Als Diogo Cão Anfang 1482 die kolonialpolitische Bühne des portugiesischen Königreiches betrat, war – trotz der verheißungsvollen Vorstöße in den Golf von Guinea und sogar über den Äquator hinweg – der Entdeckungseifer der portugiesischen Seefahrer fast zum Erliegen gekommen. Weder der Vermerk auf der damals wohl berühmtesten Karte der Welt des italienischen Kartographen Fra Mauro, »daß dieser südliche Teil des Algarve (Afrika) umschifft werden kann und daß der Indische Ozean kein Binnenmeer ist«, noch der Umstand, daß die Südspitze Afrikas in der Nähe des legendären Reiches des ›Erzpriesters Johannes‹ eingezeichnet war, hatten Afonso V. bewogen, eine neue Expedition zu entsenden. Für diesen Stillstand gab es jedoch besondere Gründe: Vom Cabo Mesurado an biegt die westafrikanische Küste in Richtung Osten, dann erstreckt sie sich vom heutigen Kamerun an aber deutlich nach Süden, teilweise sogar nach Südwesten. Angesichts dieser Tatsache hatten die Gegner der kostspieligen Unternehmen bei Hofe eingewandt, daß das verheißene Südkap Afrikas noch in weiter Ferne liege.

Diogo Cão; Skulptur von Alvaro de Brée, 1948

João II., ein großer Förderer der Wissenschaften, nahm den Ausbau der Gewürzroute wieder auf. Nur ein Jahr nach dem Bau der Festung von El Mina entsandte er Diogo Cão in Richtung Süden. Aus dem Leben dieses nach wie vor kaum bekannten, jedoch bahnbrechenden Seefahrers, dem es auf seiner zweiten Westafrika-Fahrt gelingen sollte, bis zum heutigen Cape Cross in Südwestafrika vorzustoßen, und der somit zum eigentlichen Wegbereiter der Umrundung des Kaps der Guten Hoffnung wurde, besitzen wir keine sicheren Anhaltspunkte. Verschiedene Historiker sprachen Diogo Cão sogar seine zweite Reise ab und schoben sie dem böhmischen Wissenschaftler Martin Behaim zu. Heute steht jedoch fest, daß Behaim weder an Cãos zweiter Westafrika-Reise teilnahm noch Mitglied der berühmten, von João gegründeten *Junta dos Matemáticos* (›Rat der Astronomen‹) zu Lissabon war, die bei der Durchführung der Entdeckungsfahrten über ein entscheidendes Mitspracherecht verfügte. Über Diogo Cão wissen wir lediglich, daß der ehrwürdige Seefahrer einem alten Patriziergeschlecht entstammte. Sein Vorfahr Pedro Afonso Cão hatte sich unter der Herrschaft des Königs Dinís große Verdienste erworben. Doch wäre der Erfolg eines seiner Altvorderen bei der Wahl zum Expeditionsleiter nicht zum Tragen gekommen, wenn Cão selbst nicht in der Menschenführung große Talente bewiesen hätte. Gerade diese Eigenschaft verlangte der König – neben nautischen Kenntnissen – von seinen Schiffskapitänen. Denn nur so konnten sie ihre in der Regel unbotmäßigen Mannschaften aus den noch unbekannten Gewässern wieder heil nach Portugal zurückbringen.

Diogo Cãos erster Auftrag bestand darin, von El Mina am Golf von Guinea aus so weit wie nur möglich südwärts vorzudringen, zumal João der festen Überzeugung war, die ersehnte Südspitze Afrikas müsse bald in Erscheinung treten. In Lissabon weilten zu dieser Zeit zahlreiche als Kartenzeichner oder Geographen getarnte Spione aus Genua, Pisa und Venedig, die jedes ein- und auslaufende portugiesische Schiff aus und in Richtung Afrika genau registrierten; denn alle drei Seerepubliken galten als die härtesten Handelskonkurrenten der aufsteigenden Kolonialmacht Portugal. So segelte Cãos Flotte, die Proviant für zwei Jahre mitführte, zu Anfang des Frühlings 1482 unter strengster Geheimhaltung aus der Tejo-Mündung in Richtung Südwestafrika. In den Quellen sind weder Art und Anzahl der Schiffe noch die Namen der Begleiter Cãos aufgezeichnet. Als prominenteste Seefahrer dürften jedoch Pedro Dias,

João de Lisboa, Alvaro Martins, Ruy Pirez und Fernão Vaz, Mitglieder der bekanntesten Seefahrerfamilien Lissabons, an Bord gewesen sein, denn auf später angefertigten Karten finden wir zwischen El Mina und der Kongo-Mündung geographische Bezeichnungen wie das Kap Pedro Dias, die Bucht João de Lisboa, den Golf Alvaro Martins, das Vorgebirge Ruy Pirez und den Fluß Fernão Vaz wieder. Als besonders wichtige Fracht galten die steinernen Wappenpfeiler, *Padrões* (Singular *Padrão*) genannt. Sie sollten an den geographisch und strategisch bedeutendsten Punkten der südwestafrikanischen Küste aufgestellt werden, um den königlich-portugiesischen Besitz in Übersee genau abzustecken.

Von Lissabon aus segelte Cão ohne Schwierigkeiten und ohne Zwischenstopp im Abstand von 50–70 Seemeilen zur Küste bis nach El Mina, dem eigentlichen Ausgangspunkt der Expedition. Nach einer mehrtägigen Rast, nach der ein Teil der Besatzung im Fort zurückblieb, setzte die Flotte ihre Fahrt quer durch den Golf von Guinea fort, segelte am Cabo de Santa Catarina, dem südlichsten Punkt, den die portugiesischen Seefahrer bis dahin erreicht hatten, vorbei und gelangte in die Mündung des gewaltigen Kongo-Stromes. Von den Einheimischen Zdani genannt, taufte Cão ihn zunächst Poderoso (›Mächtig‹); nachdem der Fluß dann eine Zeitlang die Bezeichnung Rio do Padrão getragen hatte, nannten die Portugiesen ihn schließlich Zaire.

Stundenlang bestaunten Cão und seine Mannen die ungeheuren Süßwassermengen und die großen Bündel von Pflanzenteilen, die der Kongo ins offene Meer hinausträgt. Noch nie hatten portugiesische Seefahrer ein derart grandioses Naturschauspiel vor Augen gehabt. Alsdann entschloß sich Cão, auf dem langsam und majestätisch dahinfließenden Strom weiter aufwärts zu fahren, um die Ufer zu erkunden, vor allem aber um mit der Bevölkerung in Kontakt zu treten. Den historischen Quellen können wir entnehmen, daß die portugiesisch-kongolesischen Begegnungen, die ersten zwischen Weißen und Schwarzen auf der südlichen Halbkugel überhaupt, in recht wohlwollender Atmosphäre verliefen und daß Geschenke überreicht wurden. Es kam ebenfalls zu einem Gedankenaustausch, bei dem sich beide Seiten der Zeichensprache bedienten. Während einer dieser Unterredungen erfuhr Cão von der Existenz eines großen Volkes, einer staatlichen Organisation und eines mächtigen Königs. Bei diesem König handelte es sich um den Manikongo, den Herrscher des Bantu-Volkes, der mehrere Tagesmärsche von der Flußmündung entfernt im Inneren des kongolesischen Urwaldes in seiner Hauptstadt Mbanzakongo residierte. Zur Zeit Cãos trug dieser schwarze Potentat den Namen Nzinga Nkuwu.

Nachdem Cão auf einer Landzunge am Kongo den ersten *Padrão* errichtet und eine Delegation an den Hof des Manikongo geschickt hatte, stieß seine Flotte weiter nach Süden vor. Südlich eines Flusses, den der Kapitän auf den Namen Rio de Fernão Vaz taufte (wahrscheinlich der heutige Bengo), fuhren die Schiffe in eine breite Bucht, die heutige Baía do Bengo nördlich der Stadt Luanda (Angola), ein, die den Namen Angra Grandim erhielt. Alsdann erforschten die Portugiesen die Terra de duas Pontas, die heutige Halbinsel Benguela, und gelangten zu einem Vorgebirge, wo sie am 28. August 1483 den zweiten *Padrão,* Santo Agostinho genannt, errichteten. Das Kap, dem Cão zuerst den Namen Cabo de Lobo gab und das kurz darauf in Cabo de Santo Agostinho umgetauft wurde, ist heute als Cabo de Santa Maria bekannt. Nachdem Cão und seine Leute dieses Vorgebirge näher erforscht hatten, gab er unvermittelt den Befehl umzukehren. Der Grund, warum er nicht weiter in den unbekannten Süden vorstieß, ist nach wie

Diogo Cão läßt an der Kongo-Mündung einen Padrão errichten; Aquarell von Roque Gameiro

vor nicht näher bekannt. Hatte er Versorgungsschwierigkeiten, oder wollte er den Termin für das Zusammentreffen der portugiesisch-kongolesischen Delegation genau einhalten?

Als die Flotte wieder in die Kongo-Mündung einfuhr, fehlte jede Spur von der Gesandtschaft. Mit mehreren schwarzen Geiseln – unter ihnen befand sich ein Kongolese namens Caçuta, angeblich von adliger Herkunft, der in Beja auf den Namen João da Silva getauft und zum Dolmetscher ausgebildet wurde – trat Cão unverzüglich die Heimreise an, die ohne Zwischenfälle verlief. Ende 1483 (oder Anfang 1484) traf er in Lissabon ein.

König João war mit dem Ergebnis der Expedition vollauf zufrieden. Cão wurde zum *Cavaleiro* (Ritter) geschlagen, erhielt eine Jahresrente von 10 000 *Réis* und durfte ferner die beiden *Padrões* am Kongo und am Cabo de Santo Agostinho in seinem Wappen führen. Vor allem schien João nach der Rückkehr des Seefahrers überzeugt gewesen zu sein, daß das legendäre Reich des ›Erzpriesters Johannes‹ nun in greifbarer Nähe liege. Ferner nahmen er und Diogo Cão an, daß das Ende Afrikas und somit die Einfahrt in den Indischen Ozean nach dem Cabo de Santo Agostinho ebenfalls in Reichweite seien, zumal die westafrikanische Küste hinter diesem Vorgebirge leicht nach Osten biegt. In Wirklichkeit war das ersehnte Kap aber noch fast 1500 Seemeilen entfernt.

Kaum hatte sich Cão von seiner großen Reise erholt, als ein damals noch unbekannter Genuese namens Christoph Kolumbus bei João vorsprach, ihm alle Einzelheiten seiner geplanten Indienfahrt in Richtung Westen unterbreitete und um Unterstützung dieses Unternehmens bat. Doch tauchte Kolumbus in einem denkbar ungünstigen Augenblick bei Hofe auf. Nach Cãos erfolgreicher erster Afrika-Expedition sah João keinen Grund, die zweite Reise, die bereits fest beschlossen war, wie überhaupt die Suche nach dem Reich des ›Erzpriesters Johannes‹ und dem ›Wunderland‹ Indien in Richtung Osten aufzugeben. Mehr noch: In dem Vertrag von Alcáçovas (1479) war die »unbekannte und noch zu entdeckende Welt« unter den Portugiesen und Kastiliern genau aufgeteilt worden. Hätte João Kolumbus' Projekt unterstützt, so wäre eine kriegerische Auseinandersetzung mit Kastilien die unmittelbare Folge gewesen. Das konnte und wollte João sich nicht leisten.

Kurz vor dieser ›Kolumbus-Episode‹ hatte João den Entschluß gefaßt, eine zweite Expedition in Richtung Südafrika zu schicken und wiederum Diogo Cão als Leiter zu bestimmen. Gleichzeitig vergaß der König nicht, Papst Innozenz VIII., der damaligen ›moralischen Autorität des Universums‹, von den Verdiensten Portugals zu berichten, die es sich während der westafrikanischen Entdeckungen durch die Bekehrung der ›Heiden‹ erworben hatte. Über die Mittel und Wege, mit denen die Portugiesen die Mission in Schwarzafrika vollzogen, schwieg sich der portugiesische Monarch beim Papst wohlweislich aus.

Im Juli (oder August) 1485 war es dann soweit: Cãos gut ausgerüstete und stark bewaffnete Flotte stach von Lissabon aus unter strengster Geheimhaltung ihres Auftrages in Richtung Westafrika in See. Die Tatsache, daß João Diogo Cão dieses Mal mit weit größeren Vollmachten ausgestattet hatte, läßt die Annahme zu, daß die Umrundung des Südkaps und die Einfahrt in den Indischen Ozean fest eingeplant waren. An Bord des Flaggschiffes befanden sich alle kongolesischen Geiseln, die Cão von seiner ersten Reise mitgebracht hatte, sowie 18 Pferde, die dem Manikongo als Geschenk überreicht werden sollten. Über die Fahrt von Lissabon bis zum Kongo wissen wir leider so gut wie nichts. Vor der Einfahrt in den großen Fluß sichtete der Kapitän den weiten Golfo das Almeidas (die heutige Cabinda-Bucht) und erkundete ihn. Beim Anblick der Kongolesen bereiteten die Uferbewohner den Portugiesen einen herzlichen Empfang. Kurz darauf kam es dann zu dem

Kolumbus trägt João II. seine Dienste an; Kupferstich von Daniel Chodowiecki, 1791

Der Vertrag von Tordesillas

Als Kolumbus nach seiner ersten erfolgreichen ›Indienfahrt‹ 1493 zunächst in Lissabon an Land ging, um João II. zu zeigen, daß er sein Projekt damals völlig zu Unrecht abgelehnt hatte, soll sich der Monarch bittere Vorwürfe gemacht haben. Um einen Krieg zwischen den beiden katholischen Kolonialmächten Kastilien und Portugal zu vermeiden, wurde daraufhin 1494 in der kleinen spanischen Grenzstadt Tordesillas unter der Regie des geogra-

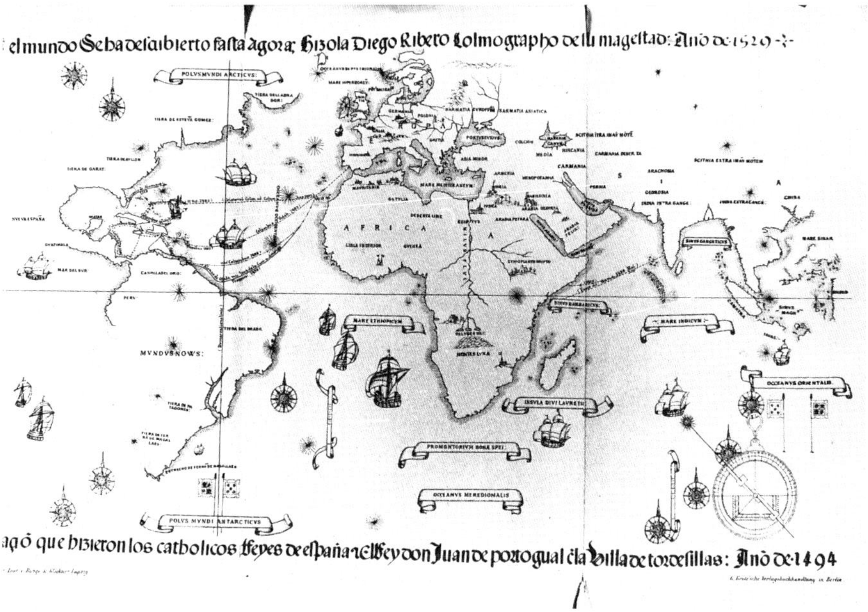

Weltkarte von 1529, auf der die Fahrten des Kolumbus sowie die im Vertrag von Tordesillas festgelegten Grenzlinien eingezeichnet sind

phisch völlig unkundigen Papstes Alexander VI. Borgia ein Vertrag unterzeichnet, der die noch unerschlossene Welt in eine kastilische und eine portugiesische Hälfte aufteilte. Die Grenze verlief ungefähr bei 46° westlicher Länge. Sämtliche Gegenden östlich dieser Linie gingen in den Besitz des Königreiches Portugal über, während Spanien alle westlichen Gebiete zugesprochen bekam, ohne daß man sich Gedanken über die noch unbekannten Bewohner und die Herrscher der Länder gemacht hätte. Bemerkenswert an dieser Grenzziehung ist, daß den Spaniern zwar der größte Teil des amerikanischen Kontinents zufiel, in der portugiesischen Sphäre aber ein Teil Brasiliens lag, das Pedro Alvares Cabral erst sechs Jahre später entdeckte.

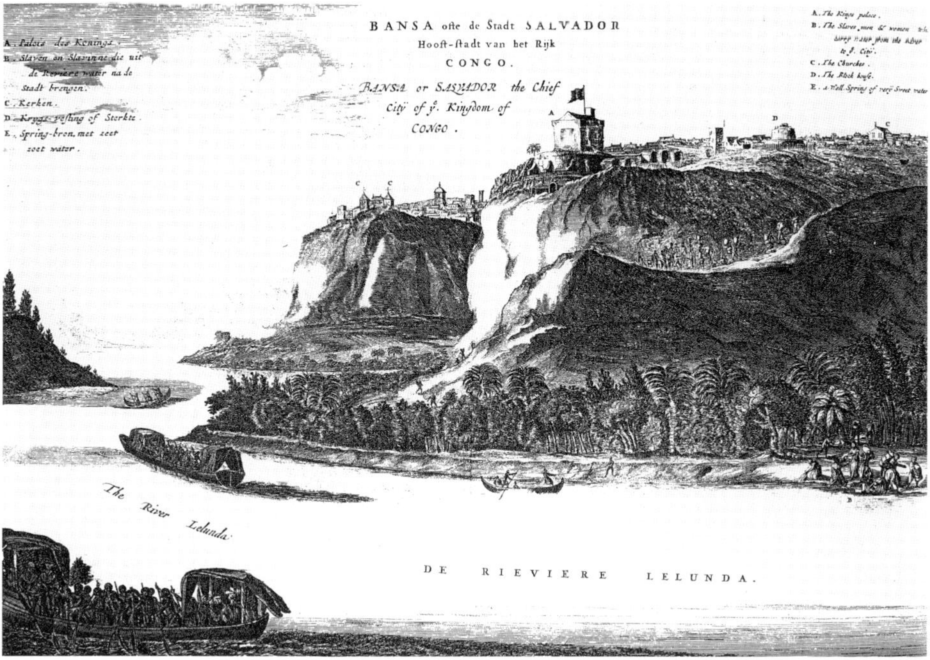

Mbanzakongo, die Hauptstadt des Königreiches Kongo; Kupferstich aus der »Beschreibung von Africa« von Oliver Dapper, 1670

historischen Treffen zwischen dem Manikongo und dem Expeditionsleiter. Neben dem Austausch der portugiesischen Gesandtschaft gegen die kongolesischen Geiseln und der Übergabe der Geschenke soll Cão ein tiefgründiges Gespräch mit dem Manikongo über die Bekehrung seines Volkes zum Christentum geführt und als Gegengabe im Namen seines Königs ›Entwicklungshilfe‹ angeboten haben. Diese erste europäische ›Entwicklungshilfe‹ für ein afrikanisches Land bestand angeblich im Bau von Kirchen und Schulen. Nzinga Nkuwu wurde getauft – ob er aus Überzeugung, aus Opportunismus oder gar unter sanftem Zwang zum Christentum übergetreten ist, wissen wir nicht – und gab den Portugiesen die Erlaubnis, in seiner Hauptstadt eine Kirche zu errichten. Doch zahlreiche kongolesische Notabilitäten lehnten die Forderung der portugiesischen Missionare, die Polygamie abzuschaffen, rundweg ab. Nzinga Mpangu, ein Vetter des Königs, zettelte eine Revolte an und verängstigte Nzinga Nkuwu derart, daß dieser das Christentum wieder von sich wies. Nach dem Tod des Herrschers im Jahre 1507 gelang es dem Nachfolger Nzinga Bemba, der 1491 auf den christlichen Namen Afonso getauft worden war, die Partei des Nzinga Mpangu auszuschalten. Die christliche Bantu-Dynastie beherrschte den Kongo bis ins 18. Jh. Alsdann brachten die Portugiesen, die stets darauf bedacht waren, die andersdenkenden Kongolesen zu ›guten Christen‹ zu bekehren, das von ihnen selbst geschaffene christliche Königreich Kongo zu Fall.

Ankunft der Portugiesen vor dem König des Kongo-Reiches; aus der »Warhafften und Eigentlichen Beschreibung deß Königreichs Congo in Africa« von Lopez Odoardo, 1597

Nach der historischen Begegnung mit dem Manikongo fuhr Cão den Kongo-Strom flußaufwärts und gelangte etwa 160 km ins Landesinnere zu den großen Wasserfällen von Yelala am linken Ufer des Stromes, wo er und seine Begleiter ihre Namen in das Gestein gravierten. Als der amerikanische Journalist und Entdecker Henry Morton Stanley Ende des 19. Jh. den Kongo erforschte und die Felsritzungen fand, mußte er feststellen, daß die Portugiesen ihm vier Jahrhunderte zuvorgekommen waren.

Cão kehrte schließlich wieder an die Mündung des Flusses zurück, von wo aus er die Erforschung der Küste des heutigen Angola in Angriff nahm. Am Cabo de Santo Agostinho vorbeisegelnd, dem südlichsten Punkt, den er auf seiner ersten Reise erreicht hatte, drang er von nun an in völlig unbekanntes Gebiet vor. Bei 15°40′ südlicher Breite fuhr er in eine große Bucht hinein, die er aufgrund des Vorgebirges auf den Namen Monte Negro (Cabo Negro) taufte, und ließ den ersten Wappenpfeiler errichten. Nach einer kurzen Rast setzten die Portugiesen die Reise entlang der westafrikanischen Küste fort, und bei jeder Einbuchtung vermuteten sie die Einfahrt in den Indischen Ozean. Südlich der heutigen Benguelaschwelle stießen sie auf zwei weite Buchten, die heutige Porto-Alexandre-Bay mit der den Hafen abschirmenden Ponta Albina und die Angra das Baleias (Baía dos Tigres) mit der fast 60 km langen Halbinsel. Das Landschaftsbild, das sich den Seefahrern hinter der Angra das Baleias bot, machte einen tristen Eindruck auf sie. Baumlosigkeit, abnehmende Vegetation und schließlich die Wüste Namib mit ihren mächtigen und langen Dünenketten luden nicht gerade zur Weiterfahrt ein. Nur selten bekam Cão einen Küstenbewohner zu Gesicht. Als dann nach der breiten Mündung des Cunene-Flusses die Küste langsam, aber kontinuierlich nach Osten verlief, wuchs bei der Mannschaft wieder einmal die Hoffnung, daß das Südkap doch bald in Erscheinung treten würde. Diese Zuversicht wurde noch dadurch verstärkt, daß die Flotte ungefähr 100 Seemeilen südlich des Cunene-Flusses in das fühlbar kühlere Küstengewässer gelangte. Diesen Temperaturunterschied wertete die Mannschaft als »ein sicheres Zeichen des tiefen Südens«. So stand der Name des nächsten Vorgebirges bereits fest: Cabo Frio – ›Kaltes Kap‹. Cão befand sich etwa 120 km südlich der Mündung des Cunene-Flusses, und an seiner linken Seite erhob sich die mächtige Tafelgebirgslandschaft Kaoko Veld, die sich am Ostrand der Wüste Namib über etwa 700 km vom Cunene bis zum Brandberg parallel zur Küste erstreckt. Obwohl die Küste nach dem Cabo Frio stets in leicht östlicher Richtung verläuft und der Kapitän beteuerte, daß das Südkap in Reichweite sei, herrschte Niedergeschlagenheit an Bord. Noch dachte der selbstsichere und unverzagte Cão aber nicht daran umzukehren. Als dann die über 2000 m hohen Blauen Berge und ein mächtiges Vorgebirge in Sicht kamen, ging Cão mit seiner Mannschaft unter 21°50′ südlicher Breite an Land, ließ eine steinerne Bildsäule mit dem portugiesischen Wappen errichten und taufte das Kap auf den Namen Cabo do Padrão (das heutige Cape Cross oder Kaap Kruis). Erst 1893 wurde der halb umgestürzte Wappenpfeiler von einem deutschen Kreuzer unter Korvettenkapitän Becker entdeckt, der die Küste Deutsch-Südwest-Afrikas vermaß. Obwohl dieser historische Landungsplatz auf den namhaftesten Karten der Renaissance-Zeit, so z. B. auf der Juan La Cosa- und der Cantino-Karte, als die weiteste von Diogo Cão erreichte Stelle eingetragen worden ist, geht man richtig in der Annahme, daß der Seefahrer nach der Entdeckung des Cape Cross noch weiter an der Küste Südwestafrikas entlanggesegelte. Vermutlich gelangte er bis zur heutigen Walvisbaai am Rande der Wüste Namib und an die Mündung des Swakop-Flusses beim heutigen Swakopmund. Hierbei können wir uns auf die stets zuverlässigen Eintragungen des Kartenzeichners Henricus Martellus Germanus verlassen, der ausdrücklich hervorhebt, daß Cão über das Cape Cross hinaus vorstieß. Die Länge der Strecke gibt er allerdings nicht an.

Der Padrão Santo Agostinho, den Diogo Cão 1483 im Süden des heutigen Angola errichten ließ (Kopie)

Über Diogo Cãos Heimfahrt vom Cape Cross nach Lissabon und über den Lebensabschnitt des kaum gewürdigten Seefahrers nach dieser einmaligen Unternehmung an die Gestade Südwestafrikas verfügt die Nachwelt leider über keine zuverlässigen Dokumente. Immer wieder tauchen dieselben Fragen über das Schicksal des Entdeckers auf: Starb Cão am Cape Cross? Warum lief Bartolomeu Dias diesem verdienstvollen Seefahrer den Rang ab, wo doch Cão dem Ziel so nahe gekommen war? Warum nahm Cão nicht an Dias' Fahrt zum Kap der Guten Hoffnung teil, um ihm mit Ratschlägen zur Seite zu stehen? Beging Cão vielleicht Selbstmord, um der Befragung bei Hofe zu entgehen? Wenn wir dem Schlußkommuniqué der 1524 im kastilischen Badajoz tagenden geographisch-nautischen Konferenz Glauben schenken, an der Ferdinand Kolumbus, Sohn des Christoph Kolumbus, und Sebastián del Cano, Begleiter des Weltumseglers Fernão de Magalhães, teilnahmen, dann starb Diogo Cão nach der Entdeckung des Cabo Negro am Ort Serra Parda. Doch nach wie vor fehlen die Unterlagen, auf die sich beide stützten. Ferner ist bislang kein einziges amtliches Dokument bekannt, das den Tod des Entdeckers bestätigt. Möglicherweise gelangte Cão doch bis nach Lissabon, wo er dem König berichten mußte, daß er die lang ersehnte Durchfahrt nicht gefunden hatte, und João II. ihn ob dieser großen Enttäuschung in Ungnade entließ.

Diogo Cão, der auf seiner zweiten Südwestafrika-Reise vermutlich bis zur Walvisbaai gelangte und somit alle bisherigen westafrikanischen Unternehmen in den Schatten stellte, der dann aber plötzlich von der kolonialpolitischen Bühne Portugals verschwand, gilt als der wahre Wegbereiter von Bartolomeu Dias' Kapumrundung. Ferner war er der erste portugiesische

»Das Land der Schwarzen«; Landkarte Westafrikas aus der »Beschreibung von Africa« von Oliver Dapper, 1670

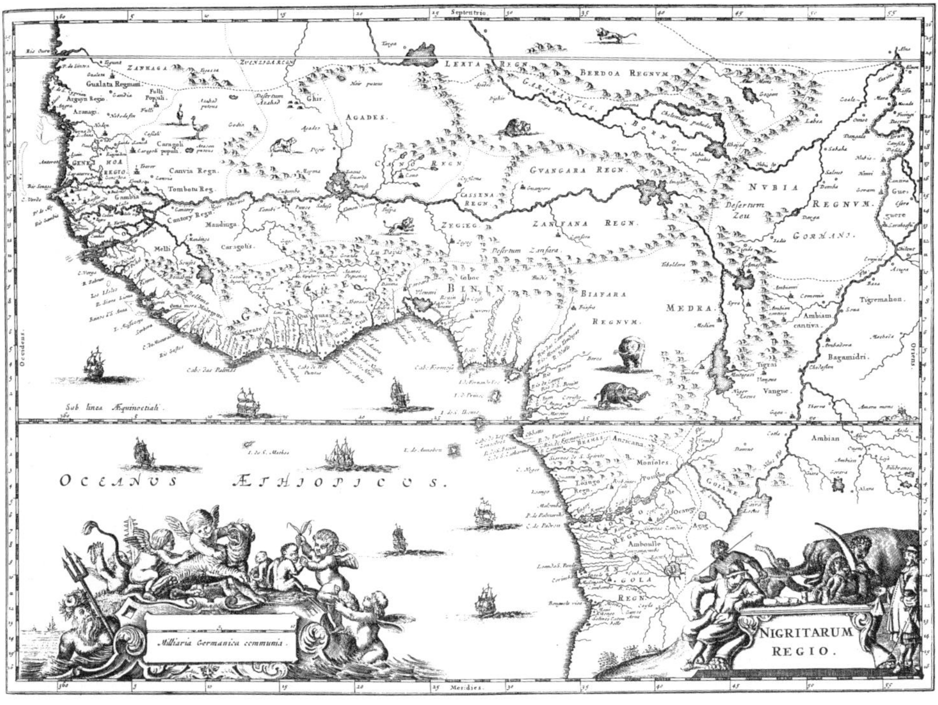

Die Stadt Benin; Kupferstich aus der »Beschreibung von Africa« von Oliver Dapper, 1670

Seefahrer, der die westafrikanischen Küsten und Buchten wissenschaftlich erforschte, indem er hydrographische Messungen vornahm.

Nach der Entdeckung des Kongo-Flusses stieg der Handel mit dem ›Ebenholz‹, wie man die schwarzen Sklaven in Europa nannte, sprungartig an. Im Verlauf von mehr als vier Jahrhunderten entwickelten sich der Kongo und später Angola zu Großlieferanten von schwarzen Arbeitskräften. In Lagos und Lissabon setzten die Sklavenhändler ›Seiner christlichen Majestät‹, des Königs von Portugal, jährlich nicht weniger als 12 000 Schwarzafrikaner um. Skrupel brauchten sie nicht im geringsten zu haben, hatte doch der Spiritus Rector der katholischen Kirche, Papst Martin V., stolz verkündet: »Dem Ungläubigen soll kein einziger Teil der Welt gehören.« Die vier großen Nutznießer dieses einträglichen und unmoralischen Geschäftes, der König, der Adel, die hohe Geistlichkeit und das

Portugiesischer Kaufmann mit Manillageld in den Händen, einer aus Europa eingeführten Kupfergeldart; Benin-Bronzeplatte

Großbürgertum, konnten sich gegenseitig keine Vorwürfe in bezug auf die Verwerflichkeit des Sklavenhandels machen, denn alle waren beteiligt. Das portugiesische Volk dagegen blieb nur Zuschauer auf dem kolonialen Parkett.

Auch ein erstes Gewürz gelangte nun auf direktem Wege nach Portugal. 1486 kehrte Afonso de Aveira vom Unterlauf des Niger, wo er in Benin eine Faktorei gegründet hatte, mit ›Guineapfeffer‹ *(Afromomum melegueta)* nach Lissabon zurück. Seine Nachrichten vom Königreich Benin gaben dem portugiesischen Monarchen einen zusätzlichen Anreiz, die Entdeckungen voranzutreiben.

Bartolomeu Dias umschifft das Kap der Guten Hoffnung

»Vermerk, daß im Dezember dieses Jahres 1488 in Lissabon Bartholomeo Didacus (Dias) landete, Befehlshaber von drei Karavellen, die der König von Portugal nach Guinea ausgesandt hatte, um das Land zu erforschen. Er berichtete, er sei 600 Leguas über den äußersten bisher bekannten Punkt hinausgesegelt, erst 450 Leguas nach Süd, dann 150 nach Nord bis zu einem Kap, das von ihm Kap der Guten Hoffnung genannt wurde. Es ist anzunehmen, daß dieses Kap Agisimba (Agisymba, ein Name bei Ptolemäus, in Wirklichkeit auf den Südfezzan zu beziehen) ist. Wie durch das Astrolabium ermittelt wurde, liegt es unter 45 Grad südlicher Breite, und seine Entfernung von Lissabon beträgt 3100 Leguas. Diese Reise hat er von Legua zu Legua auf einer Karte eingezeichnet und beschrieben, die er dem König vorweisen konnte. Bei allen diesen Vorgängen war ich selbst zugegen.«

Handschriftliche Eintragung des Bartholomäus Kolumbus in Pierre d'Ailly's Werk »Imago Mundi« in der Kolumbus-Bibliothek zu Sevilla, nach Las Casas, Lib. VII, Cap. 7.

Obwohl Cão die von João II. gesteckten Ziele, die Südspitze Afrikas zu umfahren und so der Welt der Gelehrten zu beweisen, daß der Atlantische und der Indische Ozean miteinander verbunden sind, nicht erreicht hatte, liefen die Vorbereitungen für das nächste Südwestafrika-Unternehmen bereits wenige Monate nach der Rückkehr der Cão-Expedition. João der Perfekte ließ sich durch einen Fehlschlag, deren es eine ganze Reihe im Laufe der mühsamen und risikoreichen Entdeckungsfahrten in Richtung Südafrika gegeben hatte, nicht entmutigen. Er sah diese Mißerfolge als natürliche Bestandteile der Forschung an, mit denen seine Kapitäne rechnen mußten, wenn sie sich in geographisches Neuland begaben.

Zum Leiter dieses wichtigen Unternehmens berief João den tüchtigen und nautisch erfahrenen Bartolomeu Dias. Durch Christoph Kolumbus, der bei seinem zweiten Besuch am portugiesischen Hof den zum Ritter geschlagenen Dias antraf, wissen wir, daß dieser Seefahrer Einblick in die königliche Kolonialpolitik besaß und ein enger Vertrauter des Monarchen war. Einem seiner Vorfahren, João Dias, war es gemeinsam mit Gil Eanes gelungen, das Cabo Bojador zu umrunden, und ein anderer, Dinís Dias, hatte das Cabo Verde entdeckt. Die Seefahrerei lag der Dias-Familie sozusagen im Blut. Bartolomeu Dias selbst hatte mehrmals den Golf von Guinea befahren und sich in El Mina aufgehalten. Wie die beiden Cão-Reisen wurde

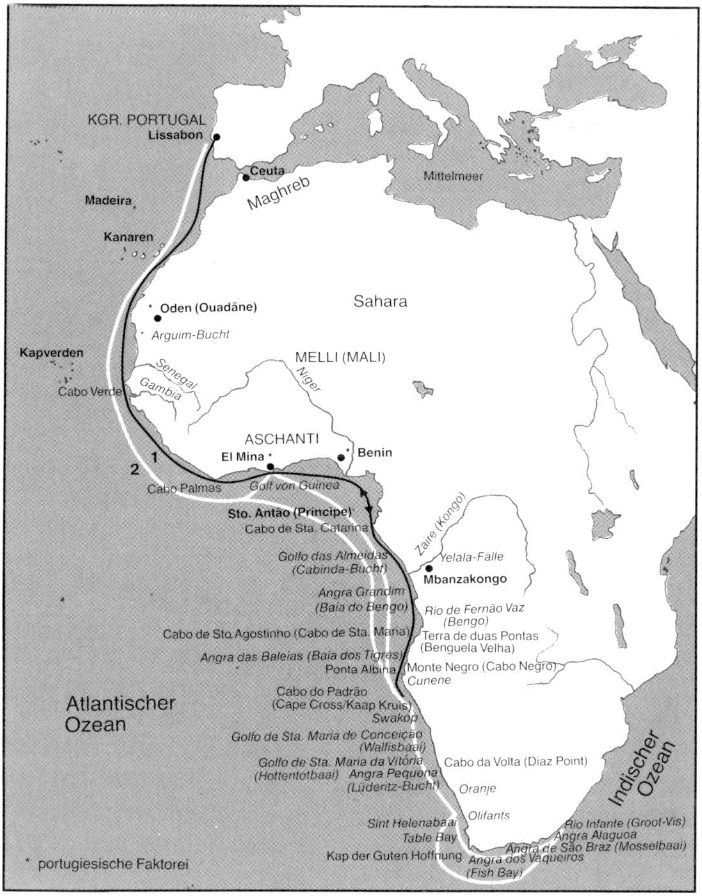

Die Fahrten Diogo Cãos und Bartolomeu Dias': 1 Cão 1485, 2 Dias 1487/88

ebenfalls Dias' Expedition streng geheimgehalten. Weder ein genuesischer noch ein venezianischer ›Kartograph‹ sollte imstande sein, eine Nachricht von diesem für João so bedeutenden Unternehmen in die Konkurrenzstädte zu übermitteln.

Dias' Flotte bestand aus zwei Karavellen und einem Versorgungsschiff. Zu den wohl bekanntesten Besatzungsmitgliedern gehörten der Bruder des Kapitäns, João Infante als Dias' Stellvertreter und der erfahrene Steuermann Pedro d'Alemquer. Wegen der strikten Geheimhaltung hatte der König dem Expeditionsleiter verboten, ein Bordbuch zu führen oder irgendwelche geographischen Aufzeichnungen zu machen. Zu ihrer Orientierung führten die Seeleute aber einige Karten von Südwestafrika mit. An Bord befanden sich ebenfalls die von der zweiten Cão-Expedition mitgebrachten Kongolesen. Doch hätte Dias seine Fahrt nicht antreten können, wenn João ihm keine zum Tode verurteilten und auf Bewährung freigelassenen Matrosen zur Verfügung gestellt hätte, um seine Mannschaft zu ergänzen. Je tiefer die Seefahrer in den Südatlantik vordrangen, desto länger und gefährlicher wurden ihre Unternehmen. Die Männer sahen sich zahlreichen Gefahren ausgesetzt: gewaltigen Stürmen, gegen die sie fast machtlos waren, Hunger und Durst, Krankheit und Strapazen sowie der Angst, ihre Heimat nie mehr wiederzusehen. Immer mehr Portugiesen verloren ihr Leben auf See. Alle diese Fährnisse hatten sich in Seemannskreisen herumgesprochen, so daß manch ein bettelarmer Landmann es vorzog, auf seiner kargen Scholle zu bleiben, statt auf dem unsicheren Atlantik Ruhm und Ehre zu ernten.

Mit Proviant für mehrere Jahre sowie mit einigen steinernen Wappenpfeilern beladen, verließ die gutbewaffnete Flotte Ende Juli 1487 den Hafen von Lissabon. Ob sie am Cabo Verde Halt machte, ist nicht erwiesen. Während das Versorgungsschiff im Golf von Guinea zurückblieb, segelten die anderen beiden Karavellen in einem Abstand von 100–250 Seemeilen zur westafrikanischen Küste direkt auf die Kongo-Mündung zu. Nach einer kurzen Rast an den Ufern des Flusses, während der alle Kongolesen von Bord gingen, ließ Dias die Anker lichten, segelte am Cabo de Santa Maria vorbei und fuhr in den großen Golfo de Santa Maria de Conceição (die heutige Walvisbaai) ein, wo er seinen müden Seeleuten erneut eine Rast gönnte. Nachdem die Portugiesen den Kreis des Steinbocks überschritten hatten, entdeckten sie den Golfo de São Tomé (die heutige Spencer-Bai), den Golfo de Santa Maria da Vitória (vermutlich die heutige Hottentotbaai) und segelten dann in die Angra Pequena (Lüderitz-Bucht) ein, wo der Kapitän den ersten Wappenpfeiler aufstellen ließ. Das Geschwader passierte das Cabo da Volta (Diaz-Point) und den Oranje-Fluß, ohne ihn zu entdecken, und am 6. Januar 1488 kamen die Berge des Little Namaqualand in Sicht, das zwischen den Flüssen Oranje und Olifants liegt. Als die Schiffe ungefähr die Höhe der heutigen Sint Helenabaai erreicht hatten und sich etwa 150 Seemeilen von der Küste und ca. 200 Seemeilen vom Kap der Guten Hoffnung entfernt befanden, brach ein Sturm über sie herein, dessen Stärke und Wildheit selbst die wagemutigsten Seeleute der Mannschaft in Angst und Schrecken versetzte. Meterhohe Wellen trieben die beiden völlig unkontrollierten Karavellen immer weiter in den Süden. Kein Besatzungsmitglied konnte die Position mehr bestimmen. Wenn wir Christoph Kolumbus Glauben schenken, dann verschlug es die Flotte bis zu 450 Leguas (fast 2800 km) über das Kap der Guten Hoffnung, also über 40° südlicher Breite hinaus. Nachdem das Unwetter etwas nachgelassen hatte, segelte Dias zunächst 250 Leguas nordwärts und nahm dann Kurs in Richtung Osten. Er wußte nicht, daß er das Kap der Guten Hoffnung und das Kap Agulhas (›Nadelkap‹), den südlichsten Punkt Afrikas, umrundet hatte und in den Indischen Ozean eingefahren war – denn der Meridian von Kap Agulhas (20° östlicher Länge), dessen Felsen sich unter dem Meer fortsetzen und eine große Gefahr für die Schiffahrt bedeuten, stellt die Trennungslinie zwischen dem Atlantischen und dem Indischen Ozean dar. Auch der Anblick der großartigen Landschaftsszenerie an der Südspitze Afrikas war Dias und seiner Mannschaft bei ihrer ersten Umrundung versagt geblieben. Nachdem sich die Besatzung auf einen weiteren Vorstoß in Richtung Süden vorbereitet hatte, brach der Kapitän urplötzlich den Ostkurs ab und segelte nach Norden. Nach stundenlangem Warten kam endlich Land in Sicht, und die Schiffe gingen in einer Bucht (vermutlich der heutigen Fish-Bay) vor Anker, die wegen der zahlreichen Rinder-

Ansicht vom Kap der Guten Hoffnung mit dem Tafelberg; Feder-Malerei von Cornelis de Mooy

herden den Namen Angra dos Vaqueiros erhielt. Weil es aber zu keiner Verständigung mit den Bewohnern kam und sich die Hirten den Portugiesen gegenüber feindlich zeigten, beschloß Dias, sofort weiterzufahren – langsam und mit großer Vorsicht wegen der Agulhas-Bank. Nach einem kurzen Aufenthalt in der Angra de São Braz (Mosselbaai) passierte Dias die Angra Alaguoa (die heutige Plettenbergbaai), das Cabo do Arrecife, die Ilhéos Chãos (Bird Islands) und ging an einer Felsenklippe an Land, wo er am 12. März 1488 einen *Padrão* errichtete. Die Mannschaft war völlig erschöpft, der tosende Sturm, die Todesangst und die akute Lebensmittelknappheit hatten selbst die Verwegensten mutlos gemacht. Als sich dann immer häufiger Proteste gegen die geplante Weiterfahrt erhoben und der Kapitän eine Revolte befürchtete, ließ er die Ältesten seiner Begleiter zur Beratung zu sich kommen. Obwohl diese die Weiterfahrt rundweg ablehnten, setzte Dias seinen Willen durch und ließ die Reise noch zwei bis drei Tage fortsetzen. Die Flotte gelangte bis zum heutigen Fluß Groot-Vis, der nach dem Kapitän des zweiten Schiffes auf den Namen Rio Infante getauft wurde. Nach einer kurzen Rast sah der in der Menschenführung geschulte Dias ein, daß er das Unternehmen abbrechen mußte, und gab den Befehl umzukehren. Ganz in der Nähe der Küste segelnd, gelangten die Portugiesen durch die Agulhas-Bank an das ›Kap der Stürme‹ (Kap der Guten Hoffnung) und stellten fest, daß nicht dieses Kap, sondern das Kap Agulhas die südlichste Spitze Afrikas ist. Von der Angra da Roca (Algoabaai) an bis zum Kap der Guten Hoffnung, dem Dias bei der Landung zu Ehren des Königs den Namen Cabo del Rey (›Kap des Königs‹) gab, war es der Mannschaft vergönnt, sich an der großartigen Landschaftsszenerie zu ergötzen, was ihr bei der Ost-West-Umrundung versagt geblieben war.

Kurz nach der Einfahrt in die Table-Bay, die Hafenbucht des heutigen Kapstadt, ließ Dias am 1. Mai 1488 einen weiteren Wappenpfeiler aufstellen. Der zu Ehren des heiligen Philippus errichtete *Padrão* ist bis heute nicht wiedergefunden worden. Vermutlich zerstörten ihn die Engländer oder Niederländer, die nach der Gründung der Ostindienkompanien 1600 bzw. 1602 das Kap regelmäßig umfuhren, da sie in dem Pfeiler ein Zeichen »unverfrorenen Machtanspruchs« der Portugiesen sahen. Die Inschriften der Wappensäule hätten der Nachwelt wertvolle Einzelheiten über die erste Landung am Kap liefern können. Ob Dias das Südkap mit dem Astrolabium vermaß, wie der portugiesische Chronist João de Barros berichtet, muß aus Mangel an schriftlichen Befunden dahingestellt werden.

Nachdem die Besatzung die beiden Schiffe gründlich überholt hatte, traten Dias und seine Mannschaft die Heimreise an. Kurze Aufenthalte an der Küste des heutigen Angola und auf der Insel Príncipe dienten dazu, Frischwasser aufzutanken. Im Fort von El Mina angekommen, übergab der dortige Gouverneur João Fogaça dem müden, aber stolzen Dias Gold für König João. Ende Dezember 1488 schließlich fuhren die beiden Karavellen mit dem Versorgungsschiff in den Tejo ein.

Dias' Reise hatte 16 Monate und 17 Tage gedauert und alle Rekorde der bislang unternommenen Fahrten in Richtung Südafrika gebrochen. Während der feierlichen Audienz am Hof, an der Christoph Kolumbus als Zeuge teilnahm, soll der Kapitän dem König eine Karte Südwestafrikas übergeben haben. Bislang jedoch ist dieses wertvolle Dokument nicht aufgetaucht. Weil Dias wegen der strikten Geheimhaltung des Unternehmens kein Bordbuch führen und keine Aufzeichnungen über die wichtigsten Vorkommnisse machen durfte, gilt die Martellus-Weltkarte von 1489 bzw. 1490 – sie ist im British Museum in London zu bewundern – nach wie vor als das bedeutendste geographische Zeugnis der Kapumrundung. Sie zeichnet sowohl Dias' als auch Cãos Reisen in Einzelheiten auf (s. hintere Umschlagklappe).

Dias, dem endlich der Vorstoß in den Indischen Ozean gelungen war und der damit den Portugiesen die Fahrt an die indische Malabarküste und die Übernahme des lukrativen Gewürzhandels ermöglichte, verschwand nicht wie sein Vorgänger Cão von der kolonialpolitischen Bühne. Im Gegenteil: João ernannte ihn zum Kapitän und Finanzverwalter des Guinea-Hauses, über das der Handel mit den neu entdeckten Gebieten abgewickelt wurde. Später fungierte er bei Vasco da Gamas Indienfahrt als Ratgeber und vertrat in den Gesprächen, die João mit Kolumbus nach dessen erster Westindien-Fahrt führte, die portugiesischen Machtansprüche auf die im Westen entdeckten Gebiete.

Bis nach Calicut an der Malabarküste, dem (vorläufigen) Endpunkt der Gewürzroute, dort, wo die Möglichkeit des schnellen Reichtums winkte, betrug die Entfernung vom ›Kap der Stürme‹ aber noch fast 5500 Seemeilen. Wohl gelangten etwa eine halbe Tonne Gold jährlich aus El Mina und eine Art Pfeffer, *Afromomum melegueta,* aus Westafrika über das Handelshaus *Casa de Guiné e Mina* nach Lissabon, doch war das große Geschäft nach wie vor ausgeblieben. Die begehrten Gewürze, Pfeffer von der Malabarküste, aus Kambodscha und Tonkin, Zimt, Muskatnuß, Gewürznelken und Ingwer, ferner die handgeknüpften Teppiche, Seide, Indigo, Wachs, Opium und Alaun gelangten nach wie vor über die arabisch-venezianischen Mittelsmänner auf die europäischen Märkte.

Pedro de Covilhãos und Afonso de Payvas große Reise nach Indien

Parallel zu Bartolomeu Dias' Unternehmen fand eine zweite Expedition in Richtung Indien statt, die an geographischer, besonders aber an wirtschaftspolitischer Bedeutung der Kapumrundung kaum nachstand: die Reise Pedro de Covilhãos und Afonso de Payvas.

Nach dem enttäuschenden Ausgang der zweiten Fahrt Diogo Cãos wurden in Lissabon Stimmen laut, die verkündeten, daß Portugals bisherige Unternehmungen zur Entschleierung der westafrikanischen Küste umsonst gewesen seien und daß João II. den Wettlauf um den lukrativen indischen Gewürzmarkt zu Gunsten der Araber, der Venezianer und Genuesen verloren habe. Denn noch während sich die portugiesischen Seefahrer abmühten, Afrikas Südspitze zu erreichen, um in den Indischen Ozean und weiter an die Malabarküste vorzustoßen, hatte der venezianische Geschäftsmann und Bankier Josaphat Barbaro im Auftrag des Bankhauses Centurione zwischen 1436 und 1451 Rußland, von 1474–78 Persien bereist und außerdem den Versuch unternommen, auf dem Landweg in das ›märchenhafte‹ Indien zu gelangen, um dort Venedig Anteile am Gewürzhandel zu sichern. Die Verhandlungen über die Transitwege scheiterten jedoch am Widerstand Wassilijs III., des Großfürsten von Moskau, der dem Venezianer mißtraute.

Pedro de Covilhão

Die Nachricht von diesen Bestrebungen muß João unter Druck gesetzt haben, denn auch er faßte nun den Entschluß, einen Landweg nach Indien zu suchen, und zwar dadurch, daß er die Verbindung von Indien zur

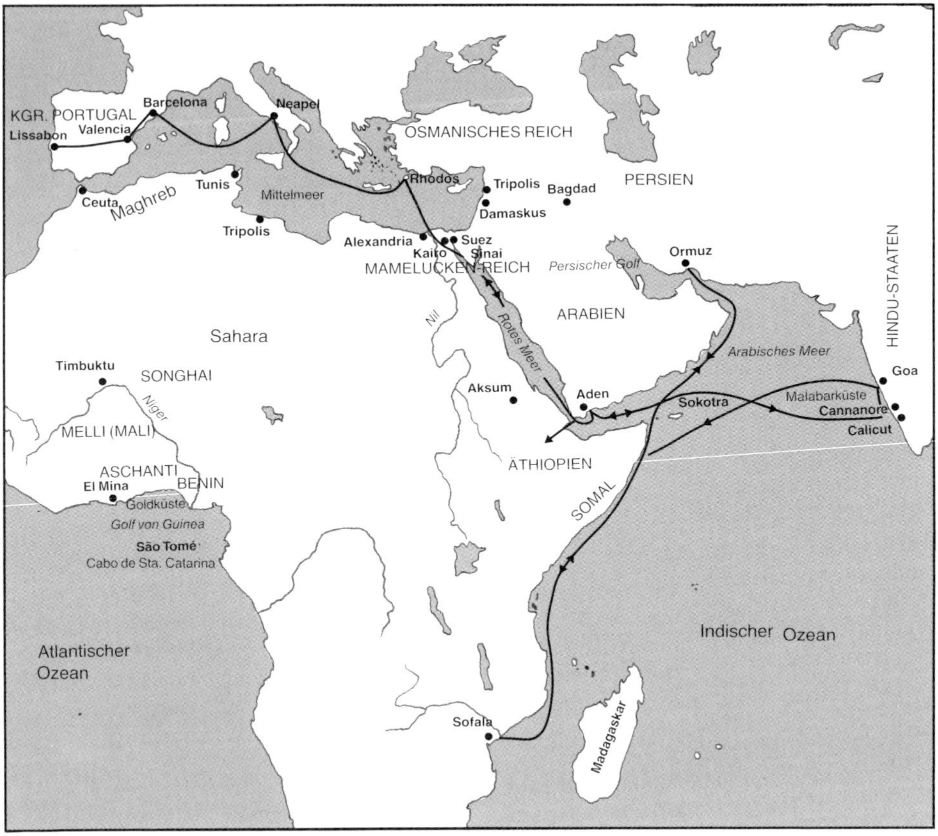

Die Indienreise Pedro de Covilhãos und Afonso de Payvas

ostafrikanischen Küste herstellte. Ferner plante er, diplomatische und wirtschaftliche Beziehungen zu den Herrschern dieser Gegenden aufzunehmen sowie ein portugiesisch-äthiopisches Bündnis gegen die Araber abzuschließen. Um die Möglichkeiten zur Realisierung solcher Kontakte auszukundschaften, sandte der König die beiden Franziskaner Antônio und Pedro de Montaroio nach Palästina, wo sie äthiopische Mönche, die regelmäßig nach Jerusalem pilgerten, treffen und mit ihnen an den Hof des Negus' weiterreisen sollten. Die heikle Mission verlief aber ergebnislos, denn die Gebrüder Montaroio waren des Arabischen nicht kundig und besaßen außerdem nur geringe politische und wirtschaftliche Kenntnisse über den Orient. Für die nächste Expedition wählte der König daher zwei erfahrene Leute aus: die beiden arabisch sprechenden Weltenbummler Pedro de Covilhão und Afonso de Payva. Covilhão entstammte dem niederen Adel und hatte sieben Jahre in Sevilla verbracht, um sich mit den kastilischen Verhältnissen vertraut zu machen. Nach Lissabon zurückgekehrt, wurde er von João an den Hof berufen, wo er das Amt eines *Criado* (Dienstnehmers) oder eines *Cavaleiro* (Ritter) ausübte.

Ihre Aufgabe bestand in erster Linie darin, eine allgemeine geographische Bestandsaufnahme der um das Arabische Meer gelegenen Staaten und, wenn möglich, Äthiopiens vorzunehmen. Denn darin sah João die Voraussetzung, um die geschäftstüchtigen Araber aus dem lukrativen indischen Gewürzgeschäft zu verdrängen. Vor der Abreise händigte der König den beiden Kundschaftern eine von drei namhaften Geographen (dem Bischof von Viseu, Dr. Rodrigo und dem jüdischen Wissenschaftler Dr. Moyses) gezeichnete Karte aus, auf der sie alle wichtigen Stationen ihrer Reise eintragen sollten. Ferner führten sie ein Beglaubigungsschreiben des portugiesischen Monarchen an den Herrscher von Äthiopien mit, denn João nahm an, daß dieses sie vor Übergriffen der Araber schützen würde.

Am 7. Mai 1487 verließen Covilhão und Payva Lissabon und gelangten über die Iberische Halbinsel nach Neapel und Rhodos. Dort legten sie auf Anraten der portugiesischen Angehörigen des Johanniter-Ordens Kaufmannstracht an und schifften sich nach Alexandria ein, wo eine verheerende Fieberepidemie sie für mehrere Wochen an der Weiterreise hinderte. In der ägyptischen Hauptstadt angekommen, erwarben sie sich durch Befragung zahlreicher Kaufleute und Karawanenführer derart umfangreiche Kenntnisse über den Negus von Äthiopien und über die Handelsgepflogenheiten in Vorderindien, daß sie bereits im Februar 1488 in Begleitung von zwei Muslimen in Richtung Suez aufbrechen konnten, um von dort nach Aden, dem damaligen Endpunkt zahlreicher ostasiatischer Schiffahrtsrouten, zu reisen. Hier, an der Südwestspitze der Arabischen Halbinsel, trennten sich ihre Wege: Während Payva nach Äthiopien hinüberfuhr, begab sich Covilhão vermutlich auf einem arabischen Handelsschiff an die Malabarküste, wo er in Cannanore an Land ging. Von hier aus besuchte er Calicut, Hauptstadt eines unabhängigen Königreiches und bedeutendster Handelshafen an der indischen Südwestküste, und kam auch nach Goa, damals Zentrum des indischen Pferdehandels. Ende 1489 gelangte er in die südostafrikanische Handelsstadt Sofala, wo er angeblich verschiedene Goldminen landeinwärts besichtigte. Laut dem portugiesischen Chronisten João de Barros soll Covilhão ebenfalls Madagaskar, von den Arabern ›Mondinsel‹ genannt, besucht haben, das erst 1506, also etwa 15 Jahre später, durch den portugiesischen Seefahrer Antão Gonçalves bekannt wurde. 1490 kehrte Covilhão wieder nach Aden zurück und erreichte noch vor Jahresende die ägyptische Hauptstadt, wo er sich mit Payva treffen sollte. In Kairo erhielt er jedoch die Nachricht, daß Payva unterdessen verstorben war. Dafür begegnete er in der Nilmetropole zwei von João eigens abgesandten Emissären, den Juden und Orientkennern Rabi Habrão und Josepe. Der eine von ihnen kehrte sofort nach Lissabon zurück, um dem portugiesischen König über Covilhãos Erkundigungen Bericht zu erstatten, die für Vasco da Gama von ausschlaggebender Wichtigkeit waren. Mit dem anderen fuhr Covilhão, dem Befehl des Monarchen Folge leistend, wieder in den Orient, zunächst nach Ormuz am Persischen Golf, damals eine der reichsten Handelsstädte der Welt, dann, nachdem er seinen Reisebegleiter mit Nachrichten nach Lissabon gesandt hatte, allein nochmals nach Ostafrika. Schließlich faßte der Weltenbummler den mutigen Entschluß, direkt nach Äthiopien vorzustoßen, um in der

Die Handelsstadt Aden auf der Arabischen Halbinsel; Kupferstich aus den »Civitates Orbis Terrarum« von Georg Braun und Franz Hogenberg, 1572–1618

Hauptstadt des Reiches die Bedingungen für einen portugiesisch-äthiopischen Bündnisvertrag auszukundschaften. 1493 gelangte Covilhão dann endlich an den Hof des Negus' Eskander (1478–94), der jedoch bald nach dem Eintreffen des Portugiesen verstarb. Von seinen Nachfolgern, Naod und David III., wurde der Reisende ehrenvoll aufgenommen, ja sogar mit Ländereien beschenkt, doch trotz intensiver Bemühungen von seiten Covilhãos brach der äthiopische Herrscher nicht mit der Tradition, Fremde, die einmal sein Land aufgesucht hatten, nicht wieder ausreisen zu lassen. Covilhão genoß die Annehmlichkeiten des prunkvollen Hofes, der von Aksum nach Ankober verlegt worden war, und soll eine äthiopische Adlige geheiratet und eine Familie gegründet haben. Auf sein Betreiben hin sandte der Negus 1509 den Armenier Matthäus als äthiopischen Gesandten nach Lissabon, doch erst 1520 erwiderte der König von Portugal den Besuch durch eine Delegation unter der Leitung Rodrigo de Limas, die Covilhão angeblich bei bester Gesundheit antraf.

Covilhãos großartige Entdeckungsreise hatte den Portugiesen gezeigt, daß die Malabarküste von der ostafrikanischen Küste aus auf dem Seeweg erreicht werden kann. Damit war es nur mehr eine Frage der Zeit, bis es ihnen gelingen würde, sich direkt an dem gewinnbringenden Gewürzgeschäft zu beteiligen. Man kann mit Sicherheit annehmen, daß Covilhãos Berichte noch vor dessen unfreiwilligem Aufenthalt in Äthiopien durch den Juden Josepe nach Lissabon gelangten – sie sind leider verschollen – und daß Vasco da Gama sie vor seiner Abreise genau kannte. Covilhãos wissenschaftliche Leistung besteht vor allem darin, daß er die geographischen Zusammenhänge zwischen Ostafrika und der indischen Malabarküste richtig erkannte. Er war der erste Portugiese und der erste Europäer überhaupt, der die Malabarküste, die beiden wichtigen Handelsstädte Aden und Sofala sowie deren Umgebung mit ›offenen Augen‹ sah und bereiste und dabei beflissen alle wichtigen Erkenntnisse an den portugiesischen Hof weitergab. Sein aufgezwungenes Exil im Land des Negus' machte dem portugiesischen König klar,

Die Handelsstadt Ormuz am Persischen Golf

daß vorerst nicht an einen regelmäßigen Austausch von Diplomaten zu denken war und daß ein äthiopisch-portugiesisches Bündnis gegen die Araber bzw. den Islam nicht so schnell abgeschlossen werden konnte, wie er es sich vorgestellt hatte. Erst 1543, als der Negus portugiesische Truppen ins Land kommen ließ, um der muslimischen Somal Herr zu werden, gelang es den Portugiesen, sich in Äthiopien Bedeutung zu verschaffen. Hilfstruppen unter dem Befehl Cristovão da Gamas, eines Sohnes Vasco da Gamas, brachten den Somal eine vernichtende Niederlage bei.

1495 starb João II. der Perfekte in Alvor (Algarve); er fand seine letzte Ruhestätte in der Gründerkapelle des Klosters Batalha. Weil der Thronfolger Afonso 1491 tödlich verunglückt war, übernahm Manuel, der Bruder der Königinwitwe Leonor und Sohn des Infanten Fernão, eines Bruders Afonsos V., unter dem Namen Manuel I. der Glückliche *(o Venturoso)* den portugiesischen Thron. Manuels Gattin, die älteste Tochter von Isabel der Katholischen, wurde nach dem Tod des spanischen Thronfolgers Don Juan Erbin der Kronen von Kastilien, León und Aragonien. Sie starb aber kurz nach der Geburt ihres Sohnes, der die beiden Königreiche Portugal und Kastilien vereint hätte, wäre er nicht bereits als Kind gestorben. Nach Isabels Tod heiratete der König deren Schwester Maria von Kastilien, die ihm nicht weniger als zehn Kinder gebar. Unter dieser Kinderschar befanden sich João, der Thronerbe, Isabel, Karls V. spätere Gemahlin, und Henrique, Kardinal und letzter portugiesischer Monarch vor dem Zusammenschluß der beiden Kronen von Portugal und Kastilien unter Felipe II. 1518 heiratete der sin-

Expeditionen in den Nordwestatlantik

Im selben Jahr, in dem Manuel I. den Thron bestieg, unternahm ein Seefahrer und Landbesitzer namens João Fernandes, nach seinem Beruf *Labrador* genannt, in Begleitung Pedro de Barcelos von der Insel Terceira aus eine Fahrt in den nordwestlichen Atlantik, auf der er die bereits von Leif Erikson, dem Sohn Eriks des Roten, um 981 oder 982 aufgefundene Halbinsel Helluland (›Steinland‹) wiederentdeckte, die seither den Namen Labrador trägt. Ob und wie weit die beiden Portugiesen landeinwärts drangen, ist nicht bekannt. Fest steht, daß beide vor dem in englischen Diensten stehenden Genuesen Giovanni Caboto die Terra do Labrador erreichten.

Am 12. Mai 1500 übertrug Manuel I. dem Portugiesen Gaspar Cortereal die Eigentumsrechte »einiger Inseln und der Terra firma« im Nordwestatlantik. Gaspar war der dritte Sohn von João Vaz Cortereal, des Eigentümers der Insel Terceira, der nach den Berichten des portugiesischen Geschichtsschreibers Cordeiro im Jahre 1474 als Belohnung für eine Expedition zur Terra de Bacalhãos (Neufundland) zum Gouverneur von Terceira ernannt worden war.

Den Entdeckungsfahrten der Portugiesen nach Neufundland und Labrador folgten bald Reisen englischer, französischer und kastilischer Fischer und Abenteurer, und es dauerte nicht lange, bis die an Kabeljau, Hummer und Hering reichen Gewässer um Neufundland zum internationalen Streitobjekt wurden. Erst der Friede von Utrecht (1713) sicherte England die Insel vor dem Zugriff anderer Nationen.

nenfreudige Manuel ein drittes Mal. Seine Auserwählte war Leonor, spanische Infantin und Schwester Karls V. sowie Catarinas, der späteren Gemahlin Joãos III. Unter der Regierung Manuels erreichte das portugiesische Kolonialreich den Höhepunkt seiner politischen und wirtschaftlichen Macht.

Die Handelsstadt Sofala an der ostafrikanischen Küste (Moçambique)

König Manuel I. der Glückliche; Stich von 1730

Vasco da Gama bezwingt das letzte Teilstück der Gewürzroute

»Das ist das Land, nach dem ihr späht.
Das ist das wahre Indien, das sich dort erstreckt,
und wenn nach weiterem euer Sinn nicht steht,
ist eurer Arbeit hier das Ziel gesteckt.«
Luis Vaz de Camões: Die Lusiaden. 16. Jh.

Der Plan der portugiesischen Könige, die Araber, Venezianer und Genuesen gleichzeitig aus dem gewinnbringenden Gewürzgeschäft ganz oder zumindest teilweise zu verdrängen, war nach Dias' Kapumrundung und Covilhãos Reise an die Malabarküste fast geglückt. Während Dias an der ostafrikanischen Küste bis zum Rio Infante (Groot-Vis) gekommen war, hatte Covilhão das ostafrikanische Sofala erreicht. Der nächste Seefahrer – und er trug den klangvollen Namen Vasco da Gama – hatte die Aufgabe, diese beiden Teile miteinander zu verbinden, denn Sofala–Goa war damals die meist befahrene, weil am besten bekannte Seeroute, auf der die begehrten Luxusgüter aus Indien nach Ostafrika und dann nach Europa gelangten. Gama brauchte nur das verhältnismäßig kurze Stück vom Rio Infante bis nach Sofala zu erschließen, um damit den so mühsam in Gang gesetzten Ausbau der Gewürzroute zu vollenden. Es ist daher historisch völlig abwegig, Vasco da Gama einen großen Entdecker zu nennen. Er selbst hielt sich in allererster Linie für einen Soldaten und Diplomaten.

Entgegen den Stimmen im Kronrat, die vor den Kosten und einem eventuellen Konflikt mit Venedig um die Vormachtstellung im Gewürzhandel warnten, entschloß sich König Manuel I. der Glückliche doch, dieses neue Unternehmen zu starten. Aufgrund der von Covilhão zusammengestellten Berichte über Ostafrika und die Malabarküste wußte er genau, was für ihn und seine Kolonialpolitik auf dem Spiel stand. Einen Mißerfolg konnte er sich allein schon deswegen nicht leisten, weil seine Gegenspieler, der König von Kastilien, die Venezianer und Genuesen, die wahren Gewinner in diesem harten kolonialpolitischen Rennen gewesen wären. Außerdem hätte ein Fehlschlag alle bisherigen Anstrengungen zunichte gemacht, und alle Opfer wären umsonst gewesen. Manuel wußte ebenfalls, daß die Araber den Portugiesen das arabisch-indische Gewürzmonopol nicht freiwillig überlassen und es notfalls mit Waffengewalt verteidigen würden.

Für dieses bedeutende Unternehmen hatte Manuel nicht, wie allgemein angenommen, den erfolgreichen Kapfahrer Bartolomeu Dias, sondern Estevão da Gama ausersehen. Als dieser dann plötzlich starb, fiel die Wahl auf dessen Sohn Vasco, dem Bartolomeu Dias beratend zur Seite stehen sollte. Vasco da Gama entstammte einer traditionellen Seefahrerfamilie des niederen Adels. Der damals bekannte Astronom und Naturwissenschaftler Zacuto hatte den jungen und ehrgeizigen Soldaten in Mathematik und Nautik gründlich unterrichtet. Außerdem wußte Gama, vorzüglich mit der Schiffsartillerie umzugehen. Fachliches Wissen sowohl in der

Die Flotte Vasco da Gamas; aus dem »Livro de Lisuarte« von Abreu, ca. 1558–64

Nautik als auch im Kriegswesen sowie Menschenführung waren dieses Mal gefragt, und gerade über diese Eigenschaften verfügte Gama, Dias nicht so sehr.

Während der Monate Januar bis Juni des schicksalhaften Jahres 1497 herrschte auf der Werft von Lissabon eine noch nie dagewesene Hektik. Unter der Oberaufsicht von Bartolomeu Dias entstanden in einer Rekordzeit die drei Karavellen ›São Gabriel‹, ›São Rafael‹ und ›São Miguel‹ sowie das große Versorgungsschiff ›Berrio‹. König Manuel stattete einmal in der Woche der Werft persönlich einen Besuch ab, um sich von Dias über alle Einzelheiten des Schiffsbaus unterrichten zu lassen. Er legte besonderen Wert auf die Bestückung der Karavellen mit modernster Schiffsartillerie, denn er rechnete fest damit, daß es zu einer kriegerischen Auseinandersetzung mit den Arabern kommen würde. Bei der Auswahl der Mannschaft ging Gama mit besonderer Bedachtsamkeit vor, denn auch an den einzelnen Matrosen wurden Forderungen wie die Handhabung der Geschütze und die vorbehaltlose Unterwerfung unter eine straffe Disziplin an Bord gestellt. Um nicht bereits vor der Abfahrt eine Angstpsychose aufkommen zu lassen, wie dies bei Dias' Unternehmen der Fall gewesen war, teilte Gama der Mannschaft kurz vor dem Auslaufen mit, daß ihr königlicher Auftrag darin bestand, »die indischen Gewürzmärkte zu besuchen und dort Kontakt mit christlichen Völkern aufzunehmen«. Außer Vasco da Gama waren ebenfalls die damals bekannten Seefahrer Paulo da Gama, Vascos Bruder, Nicolau Coelho und Pedro d'Alemquer, der bereits mit Dias um das Kap der Guten Hoffnung gesegelt war, mit von der Partie. Ihnen allen zur Seite stand Bartolomeu Dias als Ratgeber.

Am 8. Juli 1497 war es dann soweit. Nachdem die Kapitäne und die Mannschaft in der kleinen Kapelle von Belém zu Restello am Tejo Gottes Beistand erfleht hatten, stachen die Schiffe kurz nach Sonnenaufgang in See. Äußerst günstige Winde trugen dazu bei, daß die Flotte bereits am 15. Juli auf den Kanarischen Inseln Anker warf und nach kurzer Rast zu den Kapverdischen Inseln segelte, wo Dias sich verabschiedete.

Entgegen allen bisherigen Gepflogenheiten segelte Vasco da Gama auf Anraten von Bartolomeu Dias nicht wie seine Vorgänger die westafrikanische Küste entlang. Um den Flauten des Golfes von Guinea und den widrigen Meeresströmungen zu entgehen, schlug der Kapitän einen weiten Bogen über den offenen Atlantik ein, was zwar einen Umweg, dafür aber eine wesentlich sicherere und angenehmere Fahrt bedeutete. Erst Anfang November erblickte die Mannschaft wieder die westafrikanische Küste, und am 8. November 1497 fuhr die Flotte wohlbehalten in die Sint Helenabaai ein. Nach dieser nautischen Pioniertat ließ Gama die notwendigen Reparaturen an den Karavellen ausführen und gönnte seiner müden, aber zufriedenen Mannschaft eine kurze Rast. Währenddessen stellten die Portugiesen einige wirtschaftliche Kontakte mit den im Hinterland lebenden Einheimischen her.

Am 18. November hißten die Seefahrer die Segel, entfernten sich wieder ein gutes Stück von der Küste, um die gefährlichen Südostpassate zu meiden, umsegelten am 22. November nach mehreren Anläufen das Kap der Guten Hoffnung und landeten bei günstigem Rückenwind in der Angra de São Braz (Mosselbaai). Hier ließ Gama einen Wappenpfeiler errichten, den die Eingeborenen jedoch kurz nach seiner Abfahrt zerstörten. Des weiteren gab der Kommandant das Versorgungsschiff auf; alle Lebensmittelvorräte wurden auf die drei Karavellen umgeladen. Nachdem die Flotte den von Dias im Jahre 1488 aufgestellten, letzten *Padrão* und den Rio Infante (Groot-Vis) passiert hatte, segelte sie nun in völlig unbekannten Gewässern. Hart mußten die Seeleute gegen ungünstige Meeresströmungen ankämpfen, bis Gama an einem Küstenstreifen Ostafrikas Halt machte, den er auf den Namen Natal (›Weihnacht‹) taufte (das heutige Pondo-Land) – es war gerade Weihnachten. Am 10. Januar 1498 warf er Anker in der Delagoa-Bai in der Nähe der heutigen Stadt Maputo (Moçambique). Weil sich die Eingeborenen hier den Portugiesen gegenüber besonders freundlich zeigten, gab der Kapitän diesem Ort der ›portugiesisch-ostafrikanischen Begegnung‹ den Namen Terra da Boa Gente (›Land der guten Leute‹). Nun hatte Gama Südafrika endgültig verlassen und die ostafrikanische Küste erreicht. Wegen der aus Norden kommenden Meeresströmung übersah er auf seiner Weiterfahrt die Handelsstadt Sofala und gelangte am 22. Januar in das große Mündungsgebiet des Sambesi, den er Rio dos Bons Sinais (›Fluß der guten Vorbedeutung‹) nannte. An diesem Fluß, an dem ein Wappenpfeiler errichtet wurde, kamen Gama und seine Mannschaft erstmals mit der islamischen Welt in Berührung. Nach fast einmonatiger Rast gelangten die Portugiesen nach Moçambique, wo sie Kunde über das Reich des ›Erzpriesters Johannes‹ erhielten, von dem Covilhão berichtet hatte. Von nun an segelten sie wieder in der Nähe der Küste. Durch

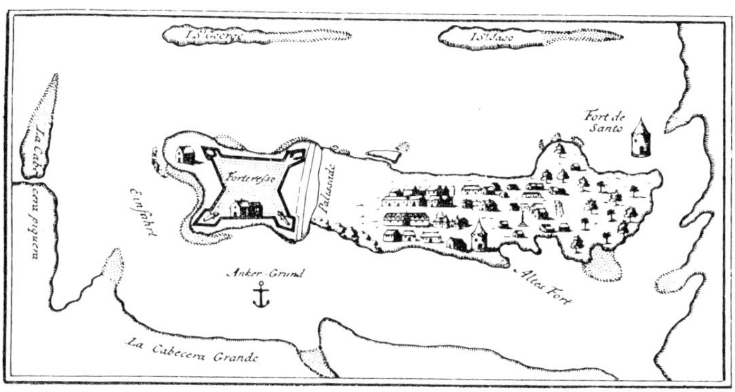

Moçambique

Die indische Handelsstadt Calicut; Kupferstich aus den »Civitates Orbis Terrarum« von Georg Braun und Franz Hogenberg, 1572–1618

geschicktes Navigieren gelang es der Flotte, die starke Moçambique-Strömung ohne Schaden zu durchfahren und die Stadt Mombasa zu erreichen, wo die Fahrtrouten nach Indien abzweigten. Die beiden Handelsstädte Quiloa (Kilwa) und Sansibar hatte Gama aufgrund der Windverhältnisse nicht besucht. In Mombasa traf er auf Diaspora-Christen aus Abessinien, Syrien und Ägypten sowie auf chinesische Händler. Das letzte Ziel an der ostafrikanischen Küste war Melinde (Malindi), dessen Herrscher sich den Portugiesen gegenüber freundlich gab. Auch hier lebten Christen. Auf der Suche nach einem erfahrenen und zuverlässigen Lotsen fand Gama den Araber Melemo Cama (Ahmed Ibn Majid), den er für einen bislang nicht genau bekannten Preis für seine ›große Fahrt‹ nach Indien anheuerte. Am 29. April 1498 überquerte das Geschwader bereits den Äquator, und nach einer ruhigen und ereignislosen Fahrt – der Lotse verstand das Einsetzen des Südwestmonsuns geschickt zu nutzen – kamen am 17. (oder 18.) Mai

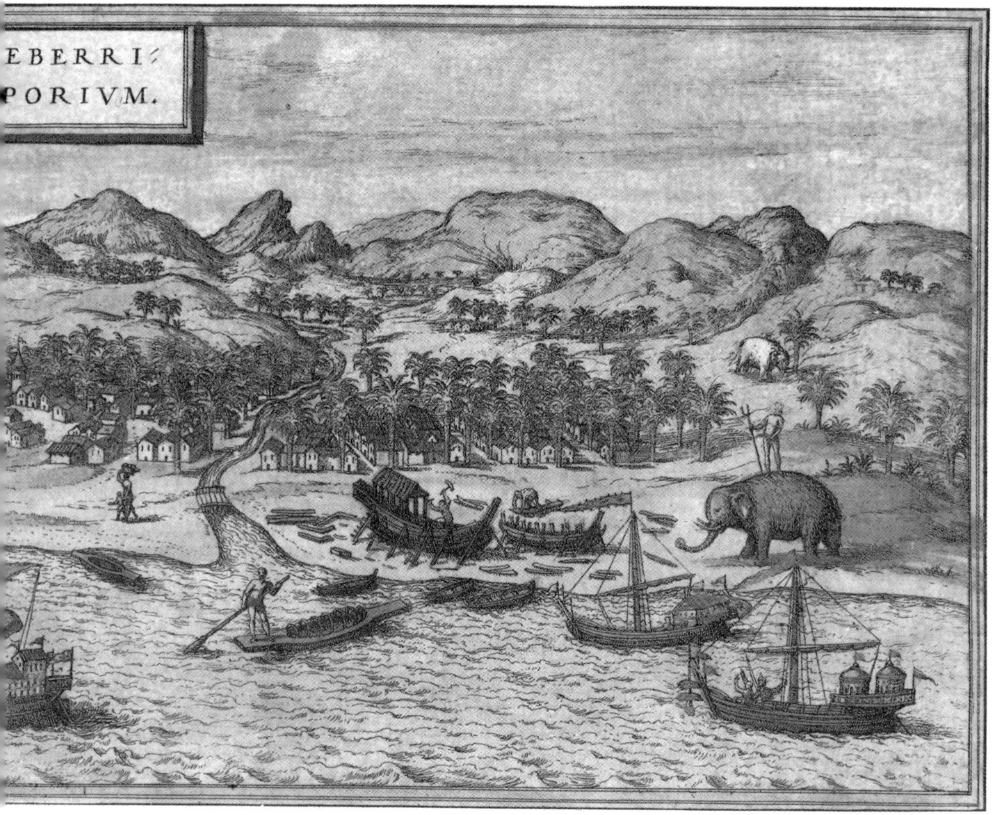

die Gebirgskämme der West-Ghats in Sicht. Auf diesen Moment hatte nicht nur Gama, sondern vor allem König Manuel gewartet.

Gamas eigentliches Ziel war die mächtige Handelsstadt Calicut, unter deren Einfluß die ›Gewürzstädte‹ Cannanore und Cochin standen. Calicut war bereits von dem arabischen ›Globetrotter‹ Ibn Battuta erwähnt worden, der im 14. Jh. eine fast zehnjährige Asienreise unternommen hatte. Im 16. Jh. unterhielt das reiche Calicut Handelsbeziehungen zu der Insel Sri Lanka, Indonesien und den Molukken, Verbindungen, die für die Portugiesen noch von großem Nutzen sein sollten. Der Herrscher von Calicut war der Radscha Samurin, ›Herr der Meere‹ genannt.

Nachdem die Flotte in dem kleinen Hafen von Capocate nördlich von Calicut Anker geworfen hatte, begann nun für Gama, vom diplomatischen Standpunkt aus gesehen, der schwierigste

Teil der Indienfahrt. Gama erkannte, daß sein Auftreten in dieser wichtigen Stadt, deren Bewohner von Portugal, Venedig und Genua mehr wußten, als die Portugiesen auch nur hatten ahnen können, für die zukünftigen indisch-portugiesischen Handelsbeziehungen eine große Rolle spielte. In der Folge kam es dann auch zu einer Reihe von Besuchen und Freundschaftsbezeugungen, aber ebenso zu heftigen Auseinandersetzungen mit den Einwohnern der Stadt. Je intensiver sich Gama und seine geschäftstüchtigen Gefolgsleute für Wirtschaftsbeziehungen interessierten, desto mehr bangten die arabischen Kaufleute um ihre Existenz. Als der Herrscher von Calicut von Umtrieben der Portugiesen im Hafen erfuhr, wurde auch er immer zurückhaltender. Wegen einiger handfester Auseinandersetzungen zwischen den Portugiesen und arabischen Kaufleuten beschloß der Flottenführer Ende August 1498, die Segel zu setzen und die aufgebrachte Stadt wieder zu verlassen. Er wußte, daß hier nur militärische Macht half, um sich auf ökonomischem Gebiet durchzusetzen. Und die stand ihm im Augenblick nicht genügend zur Verfügung.

Am 29. August lichtete die Flotte die Anker. Zunächst nahm sie Kurs in Richtung Norden, segelte an der Malabarküste entlang und gelangte zu der kleinen Inselgruppe der Angediven (Anchedivas), wo die Schiffe überholt und die Trinkwasserbehälter gefüllt wurden. Am 5. Oktober gab der Kapitän dann den Befehl, endgültig nach Lissabon zurückzukehren. Vom meteorologischen Standpunkt aus gesehen, verlief die Fahrt ungünstig, denn es war noch nicht möglich, den Nordostmonsun auszunutzen. Ferner befand sich kein Lotse an Bord, der das Geschwader sicher an die ostafrikanische Küste bringen konnte. Unerträgliche Hitze und Skorbut machten der Mannschaft das Leben zur wahren Hölle. Windstillen und entgegenkommende Westwinde verlangsamten die Fahrt derart, daß Gama sogar beabsichtigte, wieder in das feindliche Calicut zurückzukehren. Als sich dann aber die Mehrzahl der Besatzung für eine Weiterfahrt aussprach, machte er seinen Beschluß wieder rückgängig. Erst nach einer vierteljährigen Fahrt – die Strapazen sind längst Legende – gelangte Gama endlich nach Mogadiscio (Mogadishu, Somalia). Auf der Weiterfahrt warf er Anker in Melinde (Malindi, Kenya), wo er feststellen mußte, daß fast alle Seeleute an Bord dienstuntauglich waren. Mehr als 30 Matrosen hatten unterwegs durch den gefürchteten Skorbut einen qualvollen Tod gefunden. In Melinde wurden die Kranken von Bord gebracht, und Gama gönnte seiner Mannschaft eine einwöchige wohlverdiente

Vasco da Gama vor dem Samurin von Calicut

Ruhepause. Der Herrscher der ostafrikanischen Stadt, der den Portugiesen gut gesinnt war, übergab dem Kapitän reiche Geschenke für den portugiesischen König und erlaubte ihm, einen Wappenpfeiler aufzustellen.

Wappen von Vasco da Gama, das ihn als ersten Admiral von Indien ausweist

Auf der Heimfahrt segelte Gama an der Hafenstadt Mombasa vorbei und mußte dann wenig später die ›São Rafael‹ aufgeben, so sehr war die Mannschaft durch Krankheit dezimiert worden. Auf der kleinen Insel Ilha de São Jorge (Moçambique) ließ Gama den letzten *Padrão* errichten. Nach einem zweiten Anlauf gelang es der Flotte am 20. März 1499, das Kap der Guten Hoffnung zu umsegeln. Günstige Winde trugen dazu bei, daß sie bereits Ende April die Kapverden erreichte. Weil Gamas Bruder erkrankte, mußte sich der Expeditionsleiter von seinen Leuten trennen und lief die Azoren an, wo Paulo da Gama starb. Sein Gefährte Nicolau Coelho nutzte die Gelegenheit, setzte die Heimreise fort und traf am 10. Juni 1499 als erster in Lissabon ein, wo er die Auszeichnungen und Ehren in Empfang nahm, die Gama eigentlich zustanden. Dieser kam aber erst im September in der portugiesischen Hauptstadt an, wo ihn der König doch noch herzlich empfing.

Der Preis, den die Portugiesen für die erste Indienfahrt bezahlt hatten, war erschreckend hoch: Zwei der vier Schiffseinheiten sowie zwei Drittel der gesamten Besatzung waren verlorengegangen. Wenn wir den offiziellen Dokumenten Glauben schenken, dann starb noch ein Viertel der zurückgekehrten Mannschaft an den Folgen der Strapazen. Es war die längste Strecke, die je eine portugiesische Flotte zurückgelegt hatte. Die Tragödien, die sich während der Rückfahrt an Bord der Karavellen abgespielt hatten, gerieten jedoch schnell in Vergessenheit. Manuels Wunsch, die vorderindischen Märkte für Portugals Wirtschaft zu erschließen, war in Erfüllung gegangen, wenn es auch noch der militärischen Konsolidierung des Erreichten bedurfte. Gama hatte das Tor zum ›Wunderland‹ Indien aufgestoßen und Portugals Wirtschaft neue Wege eröffnet. Für den kleinen, aber stolzen Staat bedeutete dieses Unternehmen die Krönung seiner kolonialpolitischen Bemühungen. Aber die Reise hatte auch gezeigt, daß der Handel mit Indien nur auf gewaltsamem Wege verwirklicht werden konnte, der einer friedlichen Expansionspolitik ein für allemal ein Ende bereiten mußte.

Der berühmte portugiesische Dichter Luis Vaz de Camões (1524–1580) verewigte die Tat Vasco da Gamas in den »Lusiaden« (»Os Lusiadas«).

Luis Vaz de Camões liest aus den »Lusiaden«, welche die Tat Vasco da Gamas beschreiben

Pedro Alvares Cabrals Indienfahrt

Kurz nach Vasco da Gamas Rückkehr plante König Manuel bereits die zweite Indienfahrt, auf der in der arabischen Stadt Sofala an der ostafrikanischen Küste eine Handelsniederlassung gegründet und die von Gama geknüpften Wirtschaftsbeziehungen an der Malabarküste ausgebaut werden sollten. Als der Monarch das Projekt dem Kronrat vorlegte, gab es – wie bereits bei Gamas Expedition – Stimmen, die gegen die Durchführung des Unternehmens sprachen. Während die einen die Reisen als reine Abenteuer rundweg ablehnten, hoben die anderen die hohen Kosten hervor. Aber auch dieses Mal gab Manuel nicht nach, beharrte auf seinem Entschluß und wählte Pedro Alvares Cabral zum Oberbefehlshaber der Exkursion.

Cabral wurde 1467 (oder 1468) in Belmonte, ca. 24 km südlich von Guarda, geboren. In Guarda übte sein Vater Fernão, ein Edelmann aus der Provinz Beira und Herr von Azurara, das Amt eines Burgvogts aus. Pedro trat bereits als Knabe in Joãos II. Hofdienst, und Manuel I. ernannte ihn zum königlichen Rat. Warum gerade Cabral und nicht der erfahrene Gama als

Kapitän für die zweite Indienfahrt bestimmt wurde, ist nicht einwandfrei geklärt. Wir wissen jedoch, daß beide Rivalen um die Gunst des Königs rangen.

Am 8. März 1500 lag die aus 13 Einheiten bestehende Flotte, mit starker Schiffsartillerie ausgestattet und etwa 1500 Mann Besatzung, abfahrbereit im Tejo. Die Teilnahme zahlreicher Adliger an der Fahrt spricht für die Tatsache, daß der König diesem Unternehmen eine große politische und militärische Bedeutung zumaß. Des weiteren reisten acht Franziskanermönche unter der Leitung Henrique de Coimbras, des späteren Bischofs von Ceuta, und ein namentlich nicht genannter Großkaufmann mit, denn es sollte ebenfalls ein Handelskontor errichtet werden. Ferner beteiligten sich der Florentiner Großkaufmann Bartolomeo Marchioni sowie einige andere italienische Kaufleute mit ihren eigenen Schiffen. An Bord des bisher mächtigsten Geschwaders in Richtung Indien befanden sich die besten Kapitäne und Steuermänner der damaligen Zeit: Bartolomeu Dias und sein Bruder Pedro, Pedro de Escobar, João de Sá, Nicolau Coelho, Simão de Miranda und Simão de Pina.

Am 9. März 1500 lief Portugals größte Kolonialflotte von Lissabon in Richtung Westafrika aus. Bei günstiger Strömung und kontinuierlichem Nordwestwind gelangte sie bereits am 12. März zu den Kanarischen Inseln, und am 22. desselben Monats kamen die Kapverden in Sicht. Hier ging ein Schiff, das unter der Leitung des Vasco de Ataide stand, verloren; eine eingeleitete Suchaktion blieb erfolglos.

Um dem Nordwestpassat zu entgehen, nahm Cabral Kurs auf Südwest und holte, nachdem sie den Äquator überschritten hatten, wohl auf den Ratschlag Bartolomeu Dias' hin weit nach Westen aus. Alsdann ging seine Flotte auf Südsüdwest-Kurs. Am 21. April sichteten sie unbekanntes Land (die brasilianische Küste) und einen Tag später eine Erhebung, die der Kapitän auf den Namen Monte Pascoal (›Ostern‹) taufte. Am 23. April landete er in einer Gegend, die er für eine Insel hielt (in der Nähe der heutigen Stadt Porto Seguro), und nannte sie deshalb Ilha da

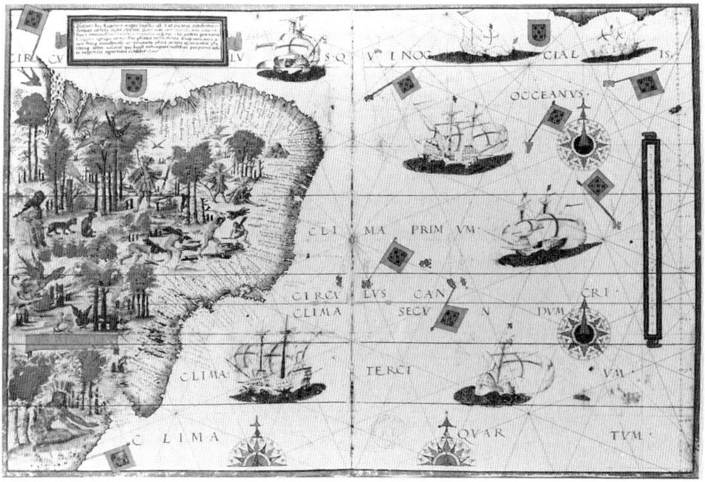

Nordostbrasilien; aus dem »Atlas Miller«, um 1519

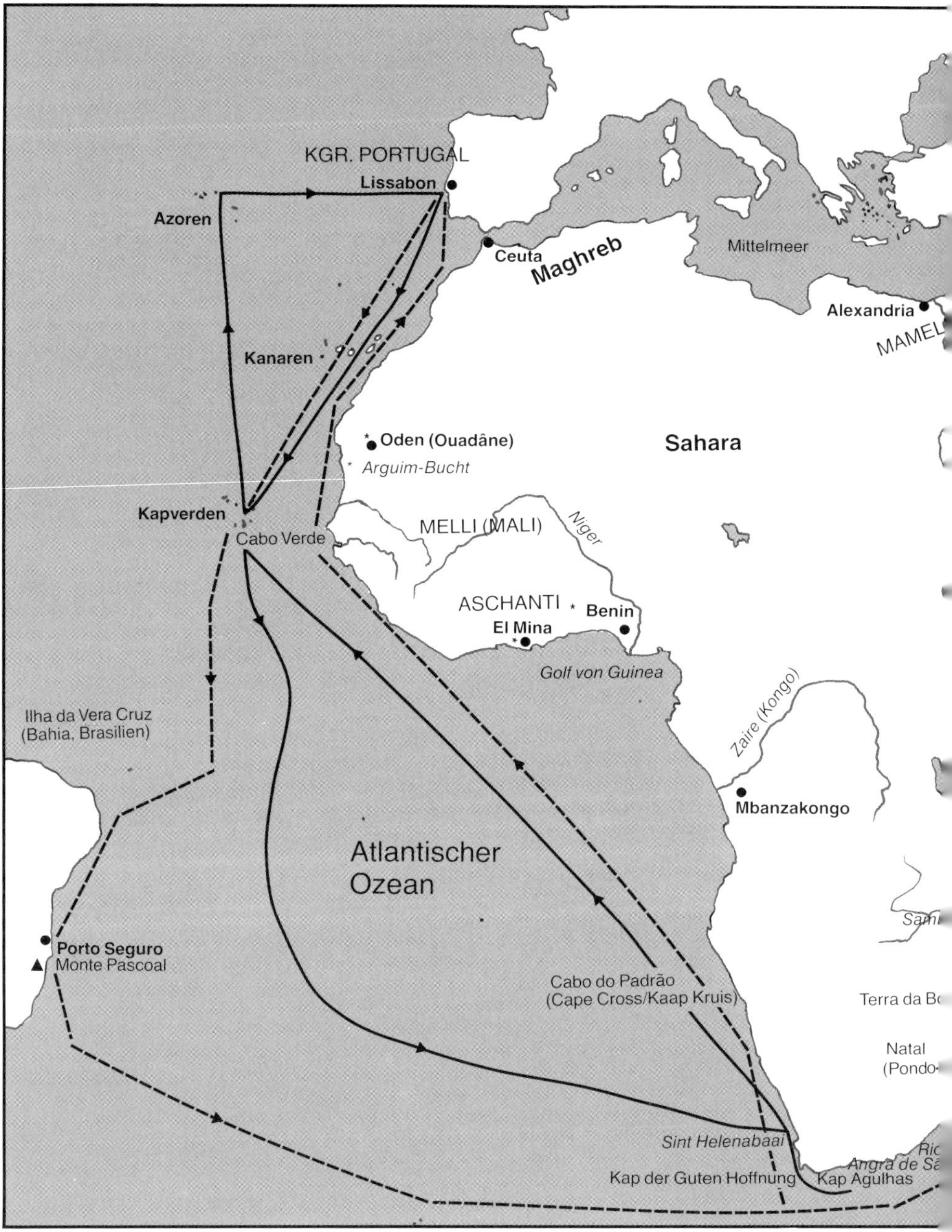
KGR. PORTUGAL
Lissabon
Azoren
Ceuta
Maghreb
Mittelmeer
Alexandria
Kanaren
Oden (Ouadâne)
Arguim-Bucht
Sahara
Kapverden
Cabo Verde
MELLI (MALI)
Niger
ASCHANTI
Benin
El Mina
Golf von Guinea
Zaire (Kongo)
Ilha da Vera Cruz
(Bahia, Brasilien)
Mbanzakongo
Atlantischer
Ozean
Porto Seguro
Monte Pascoal
Cabo do Padrão
(Cape Cross/Kaap Kruis)
Natal
Sint Helenabaai
Kap der Guten Hoffnung
Kap Agulhas

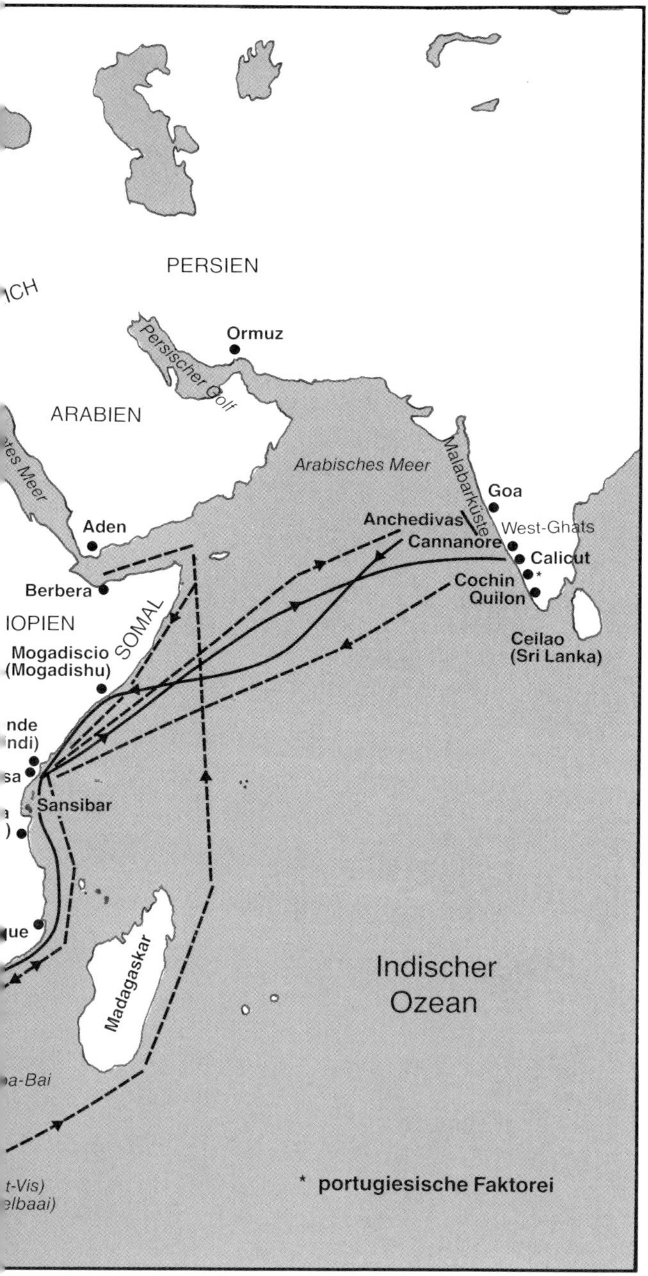

Die Fahrten Vasco da Gamas und Pedro Alvares Cabrals:
—— Gama 1497–99,
--- Cabral 1500/01

Vera Cruz (›Insel des wahren Kreuzes‹). Erst im Jahre 1511 erhielt das Land wegen des roten Farbholzes (*Caesalpina brasiliensis, Pão do Brasil*), das hier in großen Mengen gedieh, den Namen Terra do Brasil.

Nachdem Cabral das neuentdeckte Land, von dem er nicht wußte, daß es sich um den südamerikanischen Halbkontinent handelte, feierlich für König Manuel in Besitz genommen hatte, verließ die Flotte die brasilianische Küste wieder und nahm Kurs auf Westafrika. Am 24. Mai 1500 brach im Bereich des südlichen Atlantiks ein heftiger Sturm aus, dem die Karavellen des Bartolomeu Dias, Simão de Pina, Luis Pérez und Aires da Silva zum Opfer fielen. Ganz in der Nähe jener südafrikanischer Gewässer, in denen Bartolomeu Dias Weltruhm erlangte, fand der berühmte Seefahrer und Entdecker den Tod.

Mit den verbliebenen Schiffen, die der Sturm weit auseinandergetrieben hatte, umfuhr Cabral das Kap der Guten Hoffnung und gelangte, nachdem er die Angra de São Braz (Mosselbaai) passiert hatte, mit vier Schiffen zu den Ilhas Primeiras nördlich von Sofala an der ostafrikanischen Küste. Alsdann ging er am 20. Juli in Moçambique an Land, wo er seiner Mannschaft eine wohlverdiente Rast gönnte und die Schiffe überholen ließ. Diogo Dias hingegen hatte der Sturm in weitem Bogen um das Nadelkap herumgetrieben. Er segelte die Küste Madagaskars entlang in Richtung Mogadiscio (Mogadishu) und landete schließlich in Berbera an der Küste des heutigen Somalia vor der Einfahrt zum Roten Meer. Unweit der reichen ostafrikanischen Handels- und Hafenstadt Quiloa (Kilwa, Tansania) stießen seine Einheiten wieder zu Cabrals Hauptflotte. Dann ging die Reise über Mombasa nach Melinde (Malindi, Kenya) weiter, das sie am 2. August erreichten. Hier gelang es ihnen, einige arabische Lotsen für die Überfahrt zur Malabarküste anzuheuern. Ohne jegliche Schwierigkeiten überquerte das Geschwader den Indischen Ozean und warf zunächst vor der kleinen Insel Angediva (Anchedivas) Anker, wo die Schiffe neu gestrichen wurden. Am 13. September 1500 legte Cabral erstmals im Hafen von Calicut an, wo ihn der Gouverneur der Stadt im Namen des Samurin begrüßte.

Cabrals Mission beim Samurin war bereits von Anfang an durch die Intrigen der arabischen Händler belastet. Die Kaufleute stemmten sich mit aller Macht gegen das Vorhaben der Portugiesen, eine Faktorei zu errichten. Wie bei Vasco da Gamas erstem Besuch kam es auch jetzt zu handfesten Auseinandersetzungen. Anders als sein Vorgänger war Cabral aber zum Widerstand entschlossen. Als die schnell errichtete portugiesische Faktorei vom Mob gestürmt wurde – wer der eigentliche Anstifter dieses Überfalls war, konnte nie einwandfrei geklärt werden – und als dann noch 20 Portugiesen und die acht Franziskaner ermordet wurden, ließ Cabral ein arabisches Geschwader, das im Hafen vor Anker lag, kurzerhand beschlagnahmen, die Ladungen enteignen und die Schiffe in Brand setzen. Hierauf befahl er, die Stadt zu beschießen. Mehr als 600 Einwohner sollen während dieses Bombardements umgekommen sein. Von nun an blieb die Lage in Calicut äußerst gespannt.

Nach diesem Zwischenfall segelte Cabral weiter nach Cochin, wo er am 24. Dezember eintraf. Der Herrscher von Cochin wie auch die lokalen Machthaber von Cannanore und Quilon waren dem Samurin von Calicut, dessen absolute Herrschaft die zwischenstädtischen Verhältnisse aufs äußerste belastete, nicht gerade freundlich gesinnt. In Cabral erblickten die Regenten dieser drei Malabar-Stadtstaaten nun den großen Befreier und schlossen mit ihm ein Bündnis gegen Calicut ab. So konnte der Portugiese hier Gewürze einhandeln, deren Verkauf in Lissabon die finanziellen Kosten der Expedition decken sollte.

Aber noch gab der Samurin von Calicut nicht auf. Während Cabrals Abwesenheit hatte er mit Hilfe der in seiner Stadt lebenden Araber eine Flotte zusammengestellt, mit der er den Portugiesen bei dessen Rückfahrt zu vernichten gedachte. Cabral jedoch durchschaute dieses Manöver (oder war er von Spionen aus Calicut unterrichtet worden?), stattete der Stadt Cannanore noch einen kurzen Besuch ab und nahm statt auf Calicut Kurs auf die ostafrikanische Küste. Am 12. Februar 1501 legte seine Flotte in Melinde an, wo noch in der selben Nacht eine portugiesische Karavelle in Flammen aufging. Menschen kamen jedoch nicht zu Schaden. Trotz dieses Vorfalls ließ Cabral eine Karavelle nach Sofala segeln, um Erkundungen über die Goldminen des Monomotapa, des ›Herrn der Goldminen‹, im Gebiet des heutigen Simbabwe und Moçambique einzuziehen. Mit den übriggebliebenen Schiffseinheiten trat der Kapitän dann endgültig die Rückreise an, und Mitte Juni fuhr er wieder in den Tejo ein.

Der König von Cochin

Abgesehen von den Auseinandersetzungen zwischen Portugiesen und Einheimischen in Calicut hatte Cabrals Indienfahrt bedeutende Ergebnisse gebracht: Da die portugiesischen Händler die Gewürze nun direkt an der Malabarküste, vor allem in Cochin und Cannanore, einkauften, konnten sie die Preise herabsetzen und trotzdem noch Gewinne einstreichen. So ermöglichten sie vielen, denen die Gewürze bisher zu teuer gewesen waren, sich diese Spezereien zu leisten. Der Abschluß mehrerer Handelsverträge bewies, daß das Gewürzgeschäft zwischen Portugiesen und Indern auch ohne den Zwischenhandel der Araber funktionierte.

Der große Verlierer auf dem internationalen Gewürzmarkt aber war die Dogenrepublik Venedig. Erst jetzt kamen den venezianischen Händlern die Folgen des portugiesischen Eintritts in das indische Gewürzgeschäft richtig zum Bewußtsein. Nach Vasco da Gamas erster Indienfahrt hatten sie noch gehofft, daß die übermäßige Länge des Seewegs Lissabon – Calicut sowie der große Ausfall an Schiffen, Kapitänen und Mannschaften den Rivalen in Kürze zwingen würden, seinen utopisch wirkenden Plan aufzugeben und sich wieder dem bislang wenig lukrativen afrikanischen Markt zuzuwenden. Doch dies erwies sich als Trugschluß, denn die Portugiesen setzten ihren großen Wirtschaftsplan ›Indien‹ unbeirrt durch.

Auch die arabischen Händler hatten verloren. Für sie bedeutete das Ende ihrer Monopolstellung im Gewürzhandel den wirtschaftlichen Niedergang und, parallel dazu, den Verlust der politischen und militärischen Vormachtstellung im Arabischen Meer. An den strategisch wichtigsten Stellen der Malabarküste hatte Cabral im Namen seines Königs Befestigungen anlegen lassen, um den portugiesischen Handelsschiffen den notwendigen Schutz zu gewähren. Diese Politik, deren Hauptmerkmal darin bestand, die Handelsrouten und Kontore, wenn notwendig, mit Gewalt zu verteidigen, übernahmen später die Niederländer und Engländer.

Vom geographischen Standpunkt aus gesehen, hatte Cabrals Unternehmen ebenfalls einige Erfolge aufzuweisen: Nicht nur die Städte an der ostafrikanischen Küste mit ihrem Hinterland, sondern auch die Malabarküste und das Arabische Meer wurden den europäischen Geographen und Ethnographen näher bekannt. Cabrals große, wenn auch nur ungewollte Entdeckung, Brasilien, blieb vorerst jedoch ohne jegliche wirtschaftliche und politische Bedeutung für die aufstrebende Kolonialmacht Portugal. 1502 übertrug Manuel I. Fernão de Noronha, vermutlich ein reicher Geschäftsmann aus Lissabon, die wirtschaftlichen Nutzungsrechte der Terra do

Boote der Inder aus Cochin und Goa, teils Einbäume, teils aus Planken und Reisig zusammengefügt, Ausleger wurden, wie auch heute noch üblich, zum Schutz vor dem Kentern angebracht; Stich aus dem Anfang des 17. Jh.

Indische Fuste, welche sowohl die Inder als auch die Portugiesen vor der Malabarküste zum Transport ihrer Waren sowie zum Krieg benutzten; Stich aus dem Anfang des 17. Jh.

Brasil. Als Gegenleistung verpflichtete sich Noronha, jährlich eine Flotte von sechs Karavellen nach Brasilien zu entsenden und 300 Leguas (ca. 1850 km) Küstengebiet zu erforschen. Doch erst unter der Herrschaft von João III. wurden die Reichtümer Brasiliens, vor allem das Brasilholz, später die Diamanten, systematisch erschlossen. Jahrelang diente die Terra do Brasil nur als Zwischenstation auf dem Weg von Lissabon nach Calicut.

Der portugiesische Gewürzhandel

Der Ausbau des ›Estado da India‹

Nach Pedro Alvares Cabrals Expedition bemühten sich die arabischen Händler im Verbund mit der Dogenrepublik Venedig mit allen Kräften darum, die Portugiesen am weiteren militärischen Ausbau ihrer Stützpunkte an der Malabarküste zu hindern. Zahlreiche Geheimagenten, als Geographen oder Händler getarnt – darunter der Venezianer Giovanni Matteo Cretico (El Crético) und Giovanni de Affaitadi aus Cremona –, weilten zur Zeit der Rückkehr Cabrals in Lissabon, von wo aus sie Venedig und Florenz über die nächsten militärischen, politischen und wirtschaftlichen Schritte der Portugiesen im Arabischen Meer so genau wie nur möglich unterrichteten. Von Venedig aus gelangten diese Nachrichten auch nach Genua, das durch den Einbruch der Portugiesen in den arabischen Wirtschaftsraum ebenfalls starke ökonomische Einbußen erlitten hatte. Besonders in diesen beiden Städten machten sich die Händler und Politiker über die Zukunft ihrer Republiken schwerwiegende Gedanken.

Als Vasco da Gama auf seiner zweiten Fahrt nach Calicut im Jahre 1502 zum großen Schlag gegen das arabisch-venezianische Ein- und Verkaufsmonopol ausholte, übertraf der Gewinn die Investitionen endlich um das Vielfache: Er brachte der königlichen Privatschatulle immerhin 800 000 Dukaten ein bei einem Aufwand von knapp 200 000 Dukaten. Zeitweise entstand in Lissabon sogar eine ›Gewürzkrise‹: Weil es an finanzkräftigen Käufern fehlte, konnten die Händler ihre Waren nicht mehr absetzen. Ein Jahr später gelang es Afonso d'Albuquerque, den Herrscher von Cochin vor einem Angriff des Samurin von Calicut zu retten, woraufhin er in Cochin eine Festung errichten durfte.

Es versteht sich von selbst, daß weder die Venezianer noch die Araber, deren wirtschaftliche Existenz durch die Portugiesen bedroht war, diese Entwicklung ohne weiteres hinzunehmen gedachten. Auch der Mameluckensultan von Ägypten, der sich durch den Wegfall der Einnahmen aus dem Transithandel geschädigt sah, zögerte nicht, sich den Forderungen der Venezianer und Araber nach sofortigen Repressalien gegen die Portugiesen anzuschließen. Die Drohung des Mameluckensultans, die heiligen Städte Palästinas dem Erdboden gleichzumachen, erregte die Aufmerksamkeit des Papstes. Der Prior des Katharinenklosters auf der Sinai-Halbinsel, der die Gefahr klar erkannte, begab sich 1504 nach Rom und bat Papst Julius II., den Portugiesen jedes weitere Vordringen in den arabisch-islamischen Raum zu verbieten.

Manuel ließ sich jedoch durch keine Drohung einschüchtern. Mit dem vollen Einverständnis des Kronrats beschloß er, Vorderindien militärisch zu besetzen und die Malabarküste seinem

Die indische Handelsstadt Cochin; Gemälde, um 1650

Kolonialimperium anzuschließen – ein gewagtes Unternehmen, denn mit Ausnahme des Sultans von Melinde (Malindi) und der beiden Herrscher von Cannanore und Cochin verfügten die Portugiesen über keine Bundesgenossen in Übersee. Die Araber dagegen konnten mit Hilfe aus Ägypten, vor allem aber aus dem Reich der Osmanen rechnen.

Zur Ausführung seines bisher verwegensten Planes rief Manuel im März 1505 den bekannten Heerführer Francisco d'Almeida zu sich und ernannte ihn zum Vizekönig von Portugiesisch-Indien *(India Portuguesa).* Noch im selben Monat verließ eine mit schwerer Artillerie ausgerüstete Flotte den Tejo in Richtung Malabarküste. Sie bestand aus 22 Einheiten, und an Bord befanden sich 2500 Mann Besatzung, davon 1500 Marinesoldaten. Das erste Ziel war die ostafrikanische Handelsstadt Quiloa (Kilwa, Tansania), deren Herrscher den Portugiesen nicht gerade freundlich gegenüberstand. Um sich die westliche Flanke des Arabischen Meeres zu sichern, beschloß Almeida kurzerhand, die Stadt zu beschießen und zu erstürmen. Das gleiche Schicksal erlitt die feindliche Handelsstadt Mombasa (Kenya). Die reiche Beute, die den Eroberern in die Hände fiel, diente zur Finanzierung weiterer Kriegszüge.

Nachdem diese beiden unzuverlässigen Städte ausgeschaltet waren, setzte Almeida mit seiner stattlichen Flotte an die Malabarküste über. Er ging zuerst unweit von Goa an Land und fuhr dann weiter nach Cannanore, wo er eine kleine Festung und ein Handelskontor errichten ließ.

»Der Orient«; aus dem »Atlas Miller«, um 1519

Um Portugal die politische, vor allem aber die militärische Oberhoheit an der indischen Küste zu sichern, begab sich Almeida daraufhin nach Cochin, wo er seinen offiziellen Wohnsitz nahm.

Während sich Almeida nun auf einen Feldzug gegen den Samurin von Calicut vorbereitete, unternahm sein Sohn Lourenço eine militärische Expedition gegen die indische Handelsstadt Quilon, in der kurz vor seiner Ankunft der Leiter der portugiesischen Faktorei ermordet worden war. Vermutlich hatte der Samurin von Calicut den Mord befohlen. Nach dieser Strafaktion drang Lourenço weiter nach Süden vor und erreichte Ceilao (Sri Lanka), das damals von König Parakkamabahu VIII. (1484–1509) regiert wurde. Vermutlich war der junge Almeida der erste Portugiese, der die Insel betrat. Die arabischen Händler kauften hier vor allem Zimt ein, den sie in Ormuz mit hohem Gewinn umsetzten. Im Laufe des 16. Jh. eroberten die Portugiesen das westliche Küstengebiet, dann den nördlichen Teil der Insel, um an mehreren Stellen

Entdeckungen im Südatlantik

Auf ihren Indienreisen entdeckten die portugiesischen Seefahrer mehrere kleine Inseln im Südatlantik, die sie im Namen ihres Königs in Besitz nahmen. Im Jahre 1502 erspähte João da Nova die Insel Santa Helena, wie uns der Chronist João de Barros berichtet. 1505 entdeckte vermutlich Gonçalo Alvares die heute unter dem Namen Gough bekannte Insel, die im 16. Jh. unter der Bezeichnung Ilha de Gonçalo Alvares auf den Karten eingetragen war. Ein Jahr später sichtete der Befehlshaber der achten Indienflotte, Tristão da Cunha, die Vulkaninsel, die nach ihm benannt wurde.

Handelskontore zu errichten. 1658 verloren sie ihre Gebiete auf Sri Lanka an die Niederländer, die ihrerseits Holländisch-Ceylon 1796 an die Engländer abtreten mußten.

Als Lourenço wieder an die Malabarküste zurückkehrte, traf er im Hafen von Cannanore wie durch einen Zufall auf die Flotte des Samurin von Calicut. Er nutzte die Gelegenheit und vernichtete am 17. März 1507 das feindliche Geschwader. Als sein Vater dann noch den Golf von Aden und den Persischen Meerbusen für die venezianischen und ägyptischen Handelsschiffe sperren ließ, entschloß sich der Mameluckensultan einzugreifen. In der Nähe der indischen Stadt Bombay kam es zum Zusammenstoß zwischen Lourenço d'Almeida und den Ägyptern. Lourenços Einheit wurde vom Hauptgeschwader getrennt, und während der darauffolgenden Auseinandersetzung fand der junge Portugiese den Tod. Hierauf unternahm sein Vater einen Rachefeldzug gegen die Malabarküste und ließ die Städte Tschoul bei Bombay und Calicut beschießen und plündern.

Nachdem Francisco d'Almeida die Vorherrschaft über das Arabische Meer und den Indischen Ozean gewonnen hatte, faßte Manuel I. den Plan, die portugiesischen Besitzungen politisch, wirtschaftlich und administrativ zu organisieren. Diese Aufgabe übertrug er dem 1453 in Alhandra bei Lissabon geborenen Afonso d'Albuquerque. 1506 hatte der König den tüchtigen

Portugiesisches Fort auf Sri Lanka; im Hafen liegen Karavellen und indische Galeeren

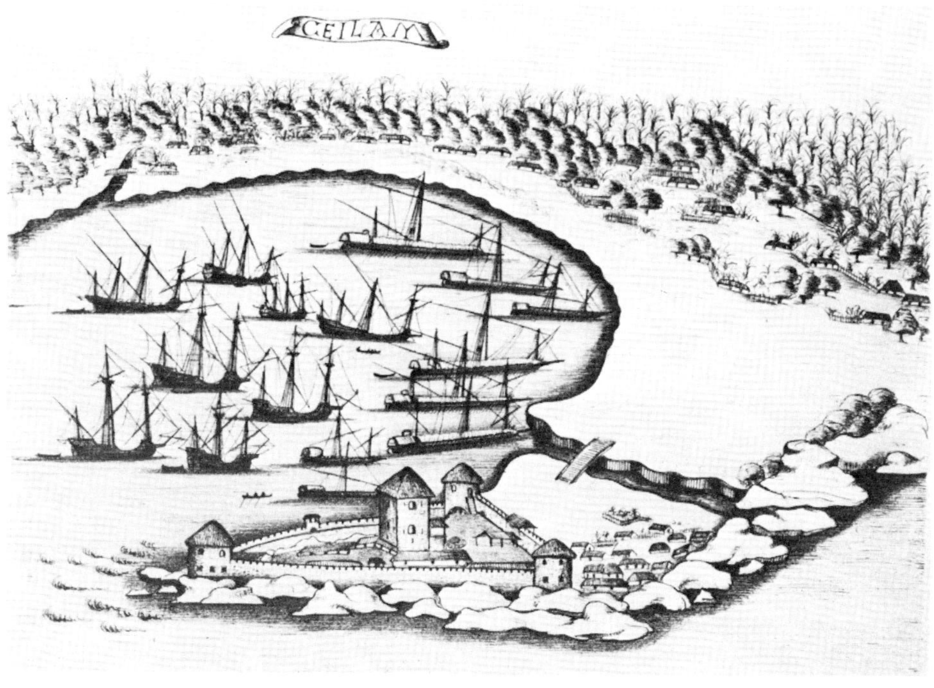

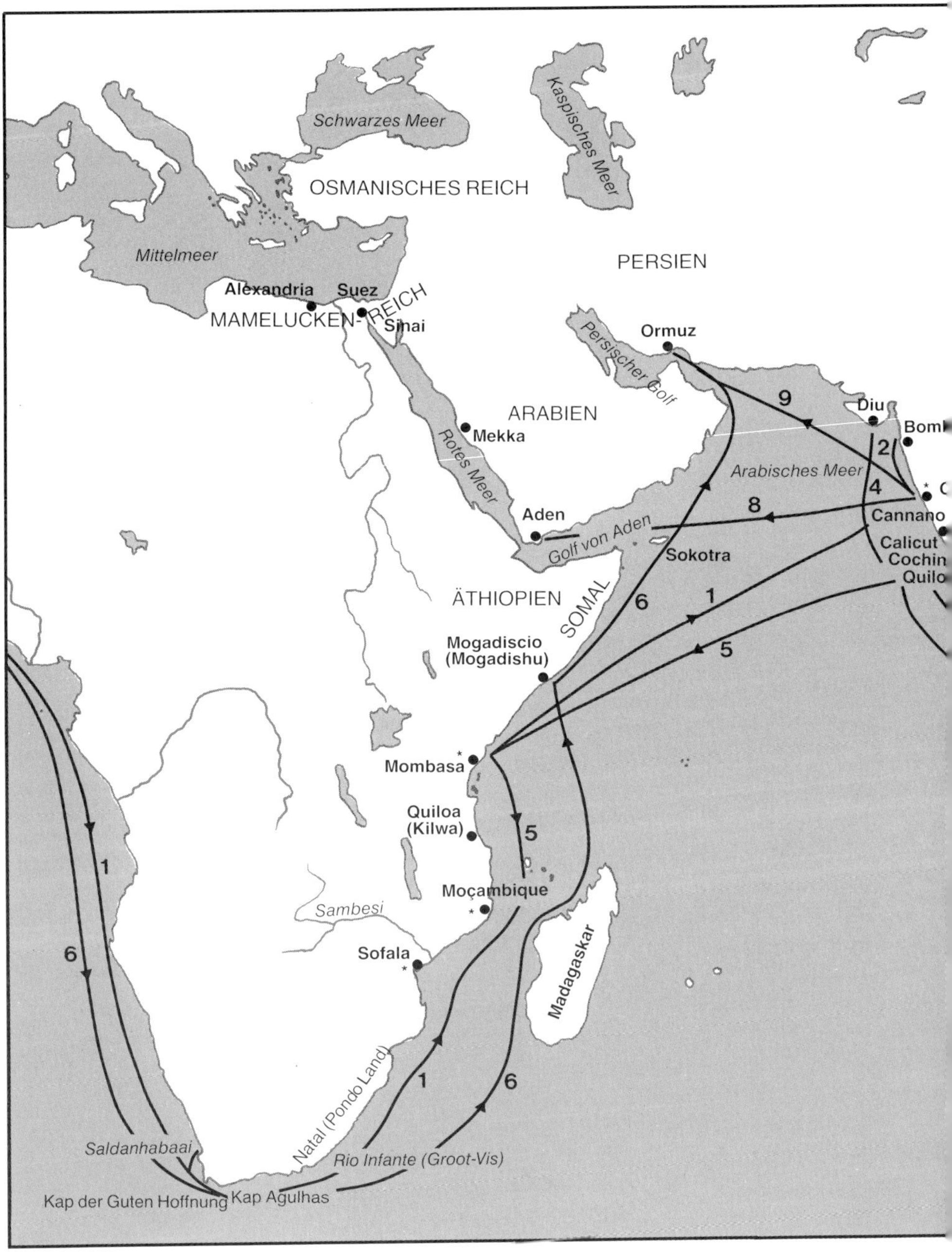
Schwarzes Meer
Kaspisches Meer
OSMANISCHES REICH
Mittelmeer
PERSIEN
Alexandria
Suez
MAMELUCKEN-REICH
Sinai
Ormuz
Persischer Golf
ARABIEN
Mekka
Rotes Meer
Diu
Bom
Arabisches Meer
Aden
Cannano
Golf von Aden
Sokotra
Calicut
Cochin
Quilo
ÄTHIOPIEN
SOMAL
Mogadiscio
(Mogadishu)
Mombasa
Quiloa
(Kilwa)
Moçambique
Sambesi
Sofala
Madagaskar
Natal (Pondo Land)
Saldanhabaai
Rio Infante (Groot-Vis)
Kap der Guten Hoffnung
Kap Agulhas
1
2
4
5
6
8
9

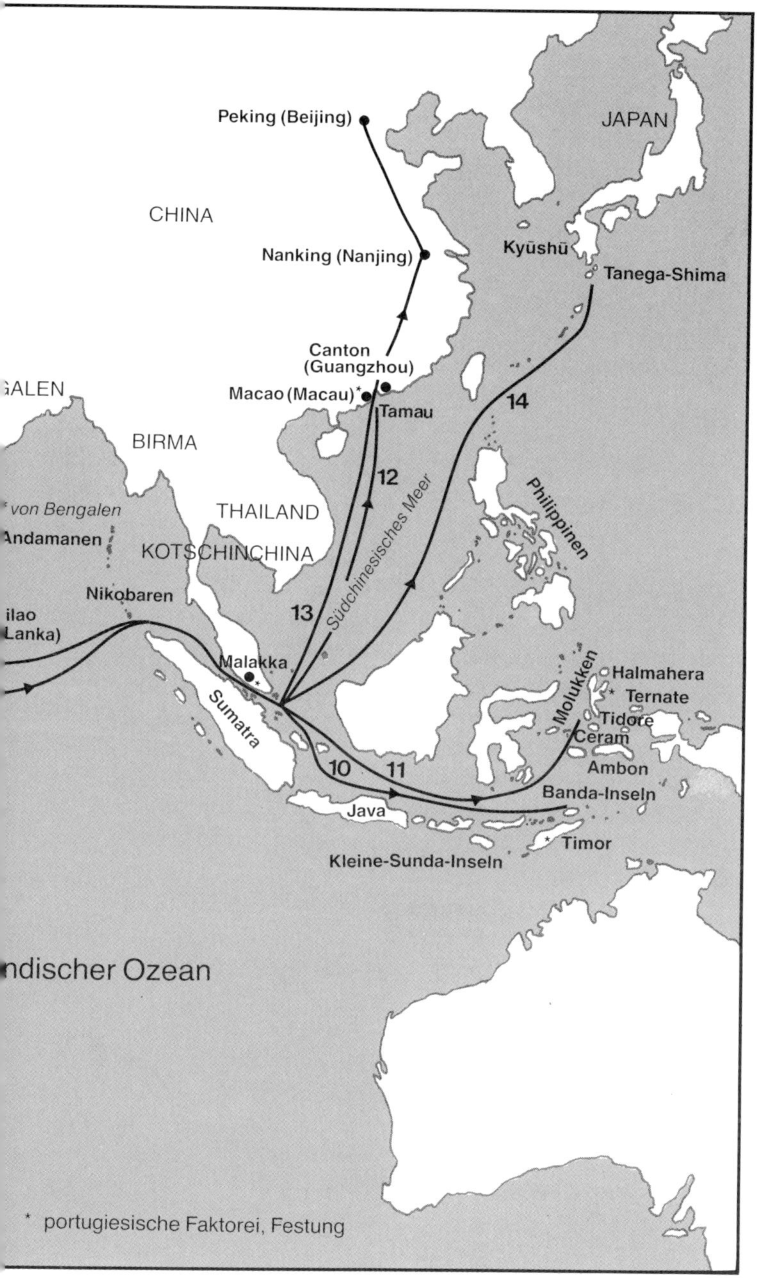

Der Ausbau des ›Estado da India‹:
1 Almeida 1505
2 Almeida 1507
3 L. d'Almeida 1507
4 Almeida 1509
5 Almeida 1509/10
6 Albuquerque 1507
7 Albuquerque 1511
8 Albuquerque 1513
9 Albuquerque 1515
10 Abreu, Serrão 1511
11 Serrão 1511
12 Alvares 1515
13 Pires, Andrade 1516–21
14 Mota, Peixoto, Zeimoto 1543

Francisco d'Almeida, Vizekönig von Portugiesisch-Indien; aus dem »Livro de Lisuarte« von Abreu, ca. 1558–64

Afonso d'Albuquerque, Vizekönig von Portugiesisch-Indien

Albuquerque mit der Flotte des Tristão da Cunha an die Malabarküste gesandt, und ein Jahr später ließ derselbe die Insel Sokotra am Eingang des Meerbusens von Aden im Handstreich besetzen. Durch den Überraschungsangriff der Portugiesen war der alte Handelsweg der Venezianer und Genuesen nach Indien gesperrt. Im selben Jahr eroberte Albuquerque die reiche Handelsstadt Ormuz, die Schlüsselstellung am Persischen Golf und Stapelplatz für alle Waren, die aus dem Osten kamen. Aus Mangel an Truppen mußte Ormuz jedoch bald wieder den Arabern überlassen werden.

Ende 1508 kam der erfahrene Afonso d'Albuquerque also erneut an die Malabarküste und forderte Almeida auf, ihm das Oberkommando über die portugiesische Indienflotte zu übertragen. Almeida lehnte aber mit dem Hinweis ab, er müsse zuerst den Tod seines Sohnes rächen, dann werde er Albuquerques Forderung nachgeben und sich nach Portugal zurückziehen. Am 3. Februar 1509 gelang es dem bisherigen Vizekönig, die ägyptische Flotte vor Diu an der Südspitze der Halbinsel Kathiawar zu stellen und vollständig zu vernichten. Somit hatte sich Portugal mit einem Schlag endgültig die maritime Herrschaft über das Arabische Meer gesichert. Alsdann trat Almeida das Oberkommando an Albuquerque ab und fuhr in Richtung Lissabon. Doch sollte es ihm nicht mehr vergönnt sein, seine Ruhetage in Portugal zu verbringen. Auf der Heimfahrt wurde er nach seiner Landung in der Bucht von Saldanha beim heutigen Kapstadt am 1. März 1510 in ein Gefecht mit Einheimischen verwickelt und starb. Während dieses Kampfes kamen nicht weniger als 65 Portugiesen, darunter mehrere Kapitäne und Steuermänner, ums Leben. Manuel hatte einen seiner größten Feldherren verloren.

Almeidas kurze Statthalterschaft von Portugiesisch-Indien hatte dem Mutterland beachtliche wirtschaftliche Erfolge gebracht. Durch die Einfuhr von Pfeffer, Ingwer, Muskatnuß, Gewürznelken, ferner von Produkten wie Kampfer, Narde, Borax, Wermut und Aloe war Lissabon zur größten Handelsmetropole der damaligen Welt geworden und hatte zugleich Venedig im Orientgeschäft endgültig den Rang abgelaufen. Von nun an wurden die Preise für alle Importwaren aus Indien in der portugiesischen Hauptstadt festgesetzt. Im Atlantischen und Indischen Ozean, nicht mehr im Mittelmeer verliefen Anfang des 16. Jh. die wichtigsten Handelsrouten der Welt.

Als Almeida im Jahre 1509 das Oberkommando an Albuquerque übergab, konnte dieser Manuels Plan, Vorderindien mit Goa als Hauptsitz zum Mittelpunkt aller asiatischen Besitzungen und zum Ausgangspunkt aller zukünftigen Asienfahrten zu machen, in die Tat umsetzen. Um jedoch die gesamte Malabarküste zu beherrschen, mußte die reiche Handelsstadt Calicut portugiesisch werden. Nach mehreren erfolglosen Angriffen gelang es Albuquerque gegen Ende des Jahres 1510, auch diese Stadt zu erstürmen und zu erobern.

Ein Jahr später wandte sich Albuquerque der stark befestigten Stadt Malakka (Malaysia) zu, die der Seefahrer Lopes de Sequeira bereits 1509 von Cochin aus besucht hatte, und eroberte sie unter hohen Verlusten. Damit besaßen die Portugiesen den größten Gewürzmarkt Asiens. Hier

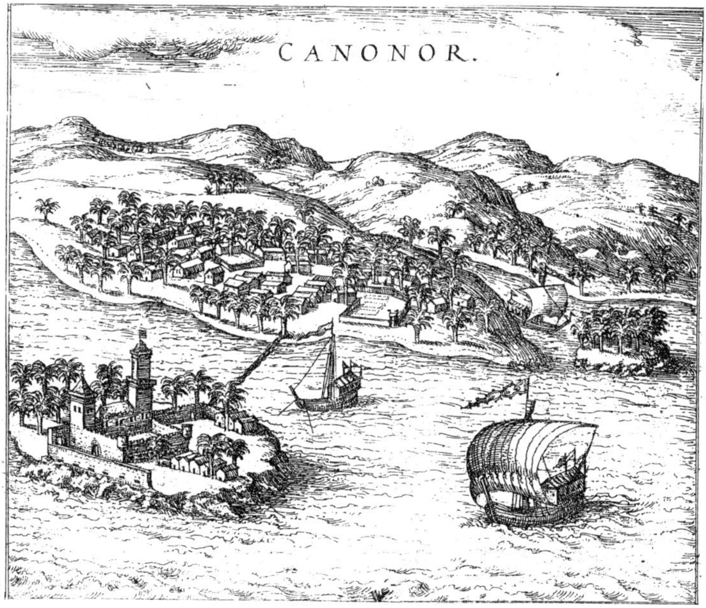

Die indische Handelsstadt Cannanore

in Malakka trafen sich die Gewürzhändler aus China, Thailand, Bengalen, von der Arabischen Halbinsel und den Philippinen, um ihre Handelsverträge abzuschließen. Außerdem befand sich jetzt die Meerenge zwischen Sumatra und Hinterindien in portugiesischer Hand. Von Malakka aus kontrollierte Albuquerque den indisch-chinesischen Handel, indem er die Zufahrt vom Golf von Bengalen in das Südchinesische Meer sperrte. Gleichzeitig hatte Portugal einen vorgeschobenen Posten zur weiteren wirtschaftlichen Erschließung des Fernen Ostens gewonnen.

Nach dem Fall Malakkas schloß Albuquerque, dem es vor allem darum ging, Portugals asiatische Besitzungen wirtschaftlich zu nutzen, verschiedene Handelsverträge mit den Potentaten von Birma, Java und Kotschinchina ab. Bei seiner Rückfahrt nach Goa erlitt er Schiffbruch und konnte sich nur mit großer Mühe retten. 1512 schlug er in Goa eine Revolte nieder, die vermutlich von Arabern angestiftet worden war und die ihm vor Augen führte, daß die Stadt alles andere als befriedet war. Trotzdem faßte er ein Jahr später den wagemutigen Plan, Mekka und Suez zu besetzen. Als aber bereits die Eroberung von Aden mißlang, mußte er sein unrealistisches Vorhaben, die heilige Stadt des Islam zu besetzen, aufgeben. Zu einem solchen gigantischen Unternehmen fehlten ihm ganz einfach die militärischen Mittel.

Parallel zu seinen kühnen Expeditionen hatte Albuquerque im Jahre 1511 die beiden Seefahrer Antônio de Abreu und Francisco Serrão in das Südchinesische Meer auf Entdeckungsfahrt gesandt. Von Malakka aus segelten sie an der Ostküste Sumatras entlang, dann in Richtung Java, wo ein Schiff ihrer Flotte verlorenging. Schließlich erreichten sie die südlichen Molukken, von wo aus sie ihre Reise zu den Banda-Inseln fortsetzten. Die Inselgruppe, der die Gewürznelken-

Goa an der Malabarküste, seit 1509 Hauptstadt von Portugiesisch-Indien

und Muskatnußproduktion ökonomische Bedeutung verlieh, gehörte im 14. Jh. zum ostjavanischen Reich von Madjapahit und wurde um 1400 islamisiert. Hier kauften die beiden Portugiesen eine Ladung Gewürze ein, worauf sie nach Malakka zurücksegelten. Von dort aus unternahm der nimmermüde Serrão einen erneuten Vorstoß zu den Molukken, die seit dem 11. Jh. von den Javanern, Chinesen und Arabern in den Gewürzhandel einbezogen waren. Serrão ging auf der Insel Ternate an Land, die bereits im 15. Jh. Sitz eines muslimischen Sultanats war, dessen Herrscher einen Teil der Molukken kontrollierte. Die Portugiesen nutzten die Rivalität der beiden islamischen Sultanate von Tidore und Ternate um den Besitz der Molukken aus und machten Ternate zum Zentrum ihres Gewürzhandels. Obwohl nur fünf Inseln des Archipels, Ternate, Tidore, Motir, Makian und Batjan, Gewürznelken und Muskatnüsse produzierten, wurden die Molukken auf den Namen Gewürzinseln getauft. 1574 löste die Insel Ambon Ternate als Einkaufszentrum der Portugiesen ab.

Zur gleichen Zeit wie Ternate wurde Timor, die größte der Kleinen Sunda-Inseln, entdeckt. Lopes de Sequeira fuhr zu den Häfen Pedim und Pacém auf Sumatra und sichtete die Nikobaren südlich der Andamanen im Golf von Bengalen.

Vier Jahre nach der Erstürmung der Festung Malakka durch Albuquerque segelte der Portugiese Jorge Alvares im Jahre 1515 von Malakka zum ›Reich der Mitte‹. Er gelangte allerdings nicht bis nach Canton (Guangzhou), sondern ankerte vor der Insel Tamau im Mündungsdelta des Canton-Flusses. Dieser Insel gaben die Portugiesen den Namen Veniaga, was im Malaiischen

Porta de Santiago in Malakka, Malaysia, 1512 von den Portugiesen erbaut, 1670 von den Niederländern restauriert und 1810 von den Engländern zerstört

›Insel des Handels‹ bedeutet. Alsdann unternahm der in portugiesischen Diensten stehende Italiener Raffaello Perestrello auf der Dschunke eines chinesischen Kaufmanns einen Vorstoß nach China. Er brachte konkrete Einzelheiten über die Stadt Canton nach Goa und die Nachricht, daß der chinesische Hof in gute Beziehungen mit den Portugiesen treten wolle. Hierauf beauftragte Albuquerque seinen Landsmann Tomé Pires, von Beruf Apotheker, an den Hof des Kaisers von China zu reisen. Für die Fahrt stellte Fernão Andrade acht bewaffnete Schiffe zur Verfügung. Über Sumatra, wo Andrade noch eine Ladung Pfeffer erstand, gelangten die beiden zuerst nach Canton, dann auf dem Landweg nach Nanking (Nanjing), wo sich der Kaiser zur Zeit aufhielt, die Portugiesen aber nicht empfing. In Peking (Beijing) angekommen, wurden sie alles andere als höflich aufgenommen. Auf Empfehlung des Radschas von Bintang, des früheren Herrn von Malakka, den Albuquerque vertrieben hatte, stellte man sie sogar unter Arrest. Als dann der Kaiser endlich in Peking eintraf, ließ er Pires und Andrade zwar kurz vorsprechen, doch starb er kurze Zeit später. Hierauf erhielten Pires und seine Leute den Befehl, nach Canton zu reisen, um dort die Anweisungen des neuen Kaisers entgegenzunehmen. Der Mingkaiser jedoch war den Portugiesen äußerst feindlich gesinnt und ließ alle mit Ausnahme von Pires am 23. September 1521 hinrichten. Pires fand vermutlich 1524 den Tod. Die erste offizielle Kontaktaufnahme der Portugiesen mit dem ›Reich der Mitte‹ war fehlgeschlagen. Obwohl es Simão Andrade (wohl ein Bruder des Fernão Andrade) 1519 gelang, auf der Insel Tamau Fuß zu fassen, kam es nicht zum Handelsaustausch mit den Chinesen. Erst 1543, unter der Herrschaft von João III., normalisierten sich die wirtschaftlichen Beziehungen. Zum Hauptstützpunkt der Portugiesen entwickelte sich Macao, wo sich seit 1557 Händler niederließen. 1587 erhielt die Enklave den Status einer Stadt mit dem offiziellen Namen Cidade do Nome de Deus da China (›Stadt Gottes in China‹).

Um 1543 erreichten drei portugiesische Seefahrer, Antônio da Mota, Antônio Peixoto und Francisco Zeimoto, die japanische Insel Tanega-Shima, die zu den Osumi-Inseln gehört und vor der Südküste von Kyūshū liegt. Die Bewohner dieser Insel nannten ihr Land Nippon oder Nihon, ›Land des Sonnenursprungs‹.

Fort Benteng Nassau auf Banda Neira (Banda-Inseln, Molukken); 1530 begannen die Portugiesen mit dem Bau, der aber nie fertiggestellt wurde

Im selben Jahr, in dem die erste Fahrt nach China stattfand, 1515, eroberte Albuquerque ein zweites Mal die Handelsstadt Ormuz. Auf seiner Rückreise nach Goa stieß er auf See mit dem Schiff seines Todfeindes Lopes Soares zusammen, der Albuquerques Absetzungsbefehl bei sich trug. Neid und Intrigen seiner besten Freunde hatten am Hof in Lissabon seine Absetzung bewirkt. Seine glänzenden Erfolge trugen ohne Zweifel zu der Befürchtung bei, er könne eines Tages zu mächtig werden und sich gegen den Monarchen wenden. Noch kurz zuvor hatte Albuquerque in einem Brief an Manuel I. alle gegen ihn erhobenen Vorwürfe energisch zurückgewiesen und die Belohnungen, die ihm für seine Verdienste zustanden, für seinen Sohn gefordert. Doch fand seine Rechtfertigung kein Gehör. Albuquerque überlebte diese Demütigung nicht. Er starb vor Gram auf seinem vor Goa ankernden Schiff am 16. Dezember 1515.

Albuquerque hatte den Grundstein zum *Estado da India* gelegt. Als er das Zeitliche segnete, befand sich das portugiesische Imperium auf der Höhe seiner Macht. Das militärisch schwache Portugal beherrschte die Meeresstraßen zu den Reichtümern des Orients, gesichert durch befestigte Stützpunkte in Sofala, Moçambique und Quiloa (Kilwa) an der Ostküste Afrikas, ferner die Malabarküste und die Festung Malakka, von der aus es den indisch-chinesischen Handel, den westlichen Teil des Chinesischen Meeres und den Golf von Bengalen kontrollierte. Darüber hinaus besaß es zwei wichtige Vorposten für den Gewürzhandel, Timor und die Molukken, im westlichen Pazifik. Die Indien-Flotte unter der Leitung von Tristão da Cunha

Portugiesen in Ormuz; wegen der dort vorherrschenden Hitze tafelten sie in einem flachen Wasserbecken; Malerei aus der Mitte des 16. Jh. ▷

Chinesische Dschunken; Holzschnitt aus der »Ausführlichen Beschreibung des Chinesischen Reiches« von Johann Baptista du Halde, 1748

Macao zur Zeit seiner Gründung

hatte die gesamte arabische Küste, den Persischen Golf und das Rote Meer erkundet. Mit Albuquerques Tod ging jedoch für Portugal die Ära der Eroberungen in Übersee zu Ende.

Der Niedergang der Gewürzroute

Der Höhepunkt der Gewürzroute lag zwischen 1505 und 1515, als Albuquerque die Schiffahrt im gesamten Indischen Ozean mit eiserner Hand kontrollierte. Während dieser Dekade beherrschte Lissabon das weltweite Gewürzgeschäft. Aus den Dokumenten Venedigs geht hervor, daß in dieser Zeit nicht eine einzige seiner Galeeren den ehemals großen Umschlagplatz für Gewürze, Alexandria, anlief. In der Dogenstadt wie auch in Genua gingen die ersten Handelshäuser in Konkurs. Doch hielten sich die Verluste in Grenzen, denn beiden Seerepubliken gelang es, sich rasch umzustellen. Venedig z.B. hatte die Transportkapazität seiner Schiffe gesteigert, wodurch es einen Teil des Verlustes aus dem Gewürzgeschäft ausgleichen konnte.

Portugal schützte sein ›planetarisches‹ Kolonialimperium an der westafrikanischen Küste durch eine Reihe von Festungen, die gleichzeitig als Handelskontore dienten. Ihnen oblag der

Export afrikanischer Produkte, vor allem des Goldes aus Innerafrika, in das Mutterland. An der ostafrikanischen Küste und der Malabarküste hatten die Portugiesen ›Schutzverträge‹ mit den lokalen Potentaten abgeschlossen. Indem sie den einen gegen den anderen ausspielten, konnten sie von jedem hohe Tribute für die vermeintliche Verteidigung verlangen. Mit diesem Geld unterhielten sie nicht nur ihre Garnisonen, sondern kauften außerdem Pfeffer und andere Gewürze, die sie in Lissabon mit großem Gewinn absetzten. Wie hoch die Summen waren, die aus dem Orientgeschäft nach Portugal flossen, werden wir wohl nie erfahren. Doch in der ›Gewürzstadt‹ Lissabon erzielte der Verkauf von Pfeffer nicht weniger als 500% Gewinn. Wem der Einstieg in das Gewürzgeschäft gelang, war über Nacht ein vermögender Mann.

Durch die großen Gewinne, die das Gewürzgeschäft dem portugiesischen Monarchen einbrachte, wurde Manuel, der seit der Gründung des *Estado da India* den stolzen Titel ›König von Portugal und des Algarve, Herr der Schiffahrt und der Eroberung von Äthiopien, Arabien, Persien und Indien‹ trug, alsbald zum reichsten Herrscher Europas. Franz I., König von Frankreich, nannte ihn spöttisch ›Gewürzkönig‹, doch scheute er sich später nicht, Manuels Witwe Leonor, die Schwester Karls V., zu heiraten. Manuel betrachtete die Einnahmen aus dem Orientgeschäft stets als rein privates Einkommen. Anstatt die immensen Reichtümer gewinnbringend anzulegen, gab er sie für eine verschwenderische Hofhaltung und prunkvolle Bauten aus. Der Turm von Belém am Tejo in Lissabon – auch Castelo de São Vicente a par de Melem oder einfach Torre genannt –, zwischen 1515 und 1521 unter der Leitung von Francisco de Arruda errichtet, die Erweiterung des Palastes von Sintra – die Prinzengemächer, der Wappensaal und der Patio mit dem Schwanenteich –, das Jerônimo-Kloster sowie zahlreiche andere Kirchen und kleinere Klöster sollten seinen Untertanen und den kastilischen Nachbarn seine Macht demonstrieren. Das Jerônimo-Kloster ließ der Monarch nicht etwa zum Dank für Vasco da Gamas glückliche Heimkehr von der Malabarküste errichten, sondern er wollte ganz einfach einmal mehr die Verehrung seines Schutzpatrons, des heiligen Hieronymus, zur Geltung

Markt in Goa

Der Torre de Belém in Lissabon, den König Manuel I. mit dem Gewinn aus dem Gewürzgeschäft erbauen ließ

bringen. Die Gründung erfolgte 1496, also bereits ein Jahr vor Gamas Indienfahrt; und die Urkunde ist auf den 22. Dezember 1498 datiert, also sechs Monate vor der Ankunft von Gamas Schiff in Lissabon. Doch erst die Reichtümer aus Indien ermöglichten es Manuel, die Anlage prunkvoll zu gestalten. Ohne diese ergiebige Einnahmequelle wäre der Bau in solcher Dimension gar nicht möglich gewesen. Bis 1517 leitete der große Meister und Schöpfer des Manuelinischen Stils, Boitaca, die Bauarbeiten, dann übernahm João de Castilho die Verantwortung. Das 29 m lange und 19 m breite Querschiff der Klosterkirche ist nur mit der Kuppel des Doms von Florenz, einem Meisterwerk des Filippo Brunelleschi, zu vergleichen.

Unter der persönlichen Leitung des prunkliebenden und musischen Manuel entstanden außerdem zwei bedeutsame Geschichtswerke: die »Crónicas« und die »Leitura Nova«. Zwar enthält die »Leitura Nova« besondere Meisterwerke der Buchmalerei und wichtige Dokumente des portugiesischen Staatsarchivs, und bei den »Crónicas« handelt es sich um eigenständige Arbeiten aus der portugiesischen Geschichtsschreibung, doch hat es der Historiker angesichts der damaligen Zensur am Hofe manchmal schwer, die historische Wahrheit von der Dichtung zu trennen. Ferner wirkte Portugals berühmtester Komödiendichter und Begründer des natio-

Portugiesen an der Malabarküste

nalen Theaters, Gil Vicente, am Hofe des Königs. Als Goldschmied schuf Vicente ebenfalls die goldene Monstranz von Belém. Das dazu verwendete Gold stammte von der Malabarküste, wo Vasco da Gama es geraubt hatte.

Am 13. Dezember 1521 starb der genußfreudige Manuel I. der Glückliche im Alter von 52 Jahren. Seine sterblichen Überreste ruhen im Jerônimo-Kloster. Zu dieser Zeit war Lissabon der vielseitigste Markt für Kolonialwaren. Elfenbein, Teppiche, Gewürze jeder Art sowie Sklaven standen auf den Bestellzetteln der Käufer, die ausschließlich aus den Reihen des Adels, der hohen Geistlichkeit und des reichen Bürgertums kamen. Das Vermögen, das über die Gewürzroute nach Portugal gelangte, ging spurlos am Volk vorüber.

In Goa führten die Vizekönige mit den Geldern, die eigentlich für die Gewürzroute bestimmt waren, eine luxuriöse Hofhaltung. Weil die Könige in Portugal den Kolonialbeamten nur ein niedriges Gehalt zugestanden, nahm die Korruption unter diesen ungeahnte Ausmaße an. Anstatt ihre tägliche Arbeit zu verrichten, trieben sie ein lukratives Geschäft mit Pfeffer und anderen Gewürzen. Bestechung, finanzielle Machenschaften und Verschwendungssucht galten als typische Eigenschaften im *Estado da India.* Dadurch, daß die portugiesischen Monarchen die kolonialen Gelder für eine verschwenderische Hofhaltung, eine aufwendige Armee und prunkvolle Monumentalbauten ausgaben, anstatt sie in Industrien anzulegen, welche die kolonialen Rohstoffe verarbeitet hätten, um sie dann als Fertigwaren zu verkaufen, sowie ein loyales und gut besoldetes Beamtentum in Übersee zu schaffen, traf sie selber eine Schuld an dieser Mißwirtschaft. So war der Untergang des *Estado da India* bereits kurz nach dessen Vollendung vorprogrammiert. Der wirtschaftliche Niedergang der Gewürzroute, des Werkes von drei Generationen unbeugsamer und tatendurstiger Seefahrer und Entdecker, ging dem politischen um ein halbes Jahrhundert voraus. Bereits knapp zehn Jahre nach dem Ableben des Gründers des *Estado da India,* Afonso d'Albuquerque, begann der schnelle wirtschaftliche Verfall der Gewürzroute.

Seit 1516 trafen wieder Gewürzladungen in Alexandria ein. Auch hatte Albuquerque den Kleinhandel auf der Pilgerstraße nach Mekka nie unterbinden können, da Portugals militärische Kraft dazu nicht ausreichte. Außerdem gelangten Spezereien über die alte Seidenstraße in die vorderorientalischen Häfen von Latakia, Tripolis, Beirut und Tyrus, wo die Venezianer und Genuesen sie in Empfang nahmen. Ein weiterer Teil des asiatischen Gewürzgeschäftes wurde über Trapezunt am Schwarzen Meer abgewickelt.

Die portugiesische Kirche des Heiligen Franz von Assisi in Goa

Unter João III., dem Nachfolger Manuels I., zeigten sich bereits die ersten Symptome der Auflösung des *India Portuguesa.* Die übermäßigen Anstrengungen, die das kleine, dünn besiedelte Königreich bei den Entdeckungsfahrten und der Kolonisierung hatte aufbringen müssen, hatten seine Kräfte aufgezehrt. Die Produktion sank ständig, die Auslandsschulden stiegen ins Unerträgliche, doch nach wie vor betrachtete der König die indischen Gelder als reines Privateinkommen. 1549 mußte die ehemals blühende portugiesische Handelsniederlassung in Antwerpen geschlossen werden, und im selben Jahr begann die systematische Kolonisierung Brasiliens. Die ›Kanonenbootpolitik‹ gegen die Muslime und Hindus fruchtete nicht mehr – das einst so stolze *India Portuguesa* vegetierte dahin.

1578, 163 Jahre nach dem verheißungsvollen Einmarsch in Ceuta, erlitt die portugiesische Armee ihre wohl empfindlichste Niederlage in der Kolonialgeschichte: Ermutigt durch den Sieg der vereinigten christlichen Flotten bei Lepanto über die Osmanen sowie durch den Autor der »Lusiaden«, Luis Vaz de Camões, jedoch alle vernünftigen Ratschläge seiner engsten Berater in den Wind schlagend, fiel der von phantastischen Heldentaten träumende Sebastião, der Nachfolger Joãos III., in das Mauren-Reich von Marokko ein. Am 4. August 1578, am ›Tag der Schande‹, verlor das portugiesische Heer die Schlacht vor Alcazar-Quibir (Ksar el Kebir). Von den fast 17000 Soldaten, darunter zahlreiche deutsche Söldner, kehrten noch 60 nach Lissabon zurück. Auch der ›Christliche Kaiser vom Maghreb‹, wie Sebastião sich nannte, kam ums Leben. Die Niederlage läutete nicht nur das Ende der portugiesischen Kolonialherrschaft in Marokko und des ›Goldenen Zeitalters‹ der portugiesischen Geschichte ein, sondern sie war ebenfalls der Anfang des Spanischen Interregnums, das von 1580 bis 1640 dauerte. Insgesamt dürfte das ›marokkanische Abenteuer‹ der portugiesischen Könige 40000 jungen Portugiesen und fremden Söldnern das Leben gekostet haben. Die königliche Armee brauchte immerhin ein halbes Jahrhundert, um sich von diesem sinnlosen Blutbad zu erholen.

Flotte der niederländischen Ostindienkompanie vor der Küste von Westafrika; Gemälde von Adam Willaerts

Schlacht zwischen Portugiesen und Niederländern vor Goa; Gemälde von Hendrick van Anthonissen, um 1650

Weder Manuel I. noch João III. noch Sebastião, der den Staatsbankrott erklären mußte, brachten es fertig, die anfangs großen Gewinne aus der Gewürzroute ertragbringend anzulegen. An die Aufstellung eines Kolonialbudgets dachte keiner der Monarchen. Um 1600 segelten Niederländer, Engländer, Franzosen, Schweden, Dänen und Brandenburger im Kielwasser der portugiesischen Kolonialpioniere, die alle Vorarbeiten für den Seeweg nach Asien geleistet hatten. Den Auftakt machten die kühnen niederländischen Seefahrer und skrupellosen Fernkaufleute, die auf den afrikanischen und asiatischen Märkten in direkte Konkurrenz mit den Portugiesen traten. 1637 warfen die Niederländer die Portugiesen in El Mina buchstäblich ins Meer. 1652 verdrängten sie die Portugiesen am Kap der Guten Hoffnung, und von nun an trieb der Monsun die besser ausgerüsteten Schiffe der Niederländer von Südafrika an die Malabarküste. Nach einer Bauzeit von fast 75 Jahren und einer Lebensdauer von nur knapp einem Jahrhundert entglitt die Gewürzroute dem portugiesischen Machtbereich und ging in die Hände der dynamischen Niederländer über. Diese wiederum mußten sie im 18. Jh. an die Engländer abtreten.

Die Bedeutung der Gewürzroute für das Königreich Portugal

Das Königreich Portugal, das im 15. und 16. Jh. nur ein kleiner europäischer Randstaat war, schuf sich zur selben Zeit ein Weltreich besonderer Art: ein See-Imperium. Es erhob nie den Anspruch auf die Weltherrschaft, aber es forderte das Recht für sich, jedes andere europäische Volk aus seiner überseeischen Machtsphäre fernzuhalten. Dazu aber reichte seine militärische Kraft nicht aus. Diese portugiesische Thalassokratie bestand aus einer Seeroute, die in Lissabon begann und ihr Ende auf den Gewürzinseln, den Molukken, fand. Die Gewürzroute mit der Hauptstadt Goa an der Malabarküste galt in den Augen der portugiesischen Könige und ihres Hofes als einmaliges Prestigeobjekt. Eine Handvoll energischer Entdecker und Eroberer hatte der aufstrebenden Kolonialmacht und dem Rivalen Kastilien bewiesen, wozu ein militärisch schwacher Staat fähig war.

Die portugiesischen Kolonialherren gingen alles andere als zimperlich mit der westafrikanischen, der islamisch-ostafrikanischen und der hinduistisch-indischen Bevölkerung um. Im Rahmen der ›Kanonenbootpolitik‹ der portugiesischen Monarchen – die ›Kanonenbootpolitik‹ ist also keine Erfindung des 20. Jh. – gingen die blühenden Handelsstädte Kilwa und Mombasa an der ostafrikanischen Küste in Flammen auf. Die Bewohner von Zeila und Brava wurden getötet oder in die Gefangenschaft abgeführt, ihre Städte vollständig zerstört, weil sie sich der portugiesischen Handelspolitik widersetzt hatten.

Die fast 15 000 Seemeilen lange Gewürzroute war das grandiose Werk einer Handvoll kühner, heldenhafter und vor nichts zurückschreckender Pioniere, Forscher und Geographen. Während fast 75 Jahren beherrschten nacheinander die portugiesischen Seefahrer Eanes, Zarco, Teixeira, Baldaia, Tristão, Sintra, Gonçalves, Cão, Dias, Covilhão, Gama, Cabral, Sequeira, Abreu und Andrade den Schauplatz der Gewürzroute. Sie segelten von Kap zu Kap, von Insel zu Insel, stets auf der Hut vor unberechenbaren Gefahren. Ruhm, Ehre und Reichtum ernteten die Seerfahrer und Entdecker aber nur in bescheidenem Maße. Die Hauptnutznießer der Gewürzroute waren der König, die hohe Geistlichkeit, der Adel und die Großkaufleute. Wohl erwies sich die Krone den ›Großen‹ der Gewürzroute, Cão, Dias und Gama, gegenüber erkenntlich, doch kamen die Gelder für deren Altersversorgung nicht aus der Privatschatulle des Königs, sondern aus dem Gewinn des *Estado da India.* Die einfachen Seeleute, Matrosen und Schiffsjungen, gingen in der Regel leer aus. Nach dem obligaten Empfang durch den König bei der Rückkehr verschwanden sie spurlos aus der Öffentlichkeit. Ihre Einzelschicksale sind unbekannt, ihre unsäglichen Entbehrungen und Ängste wurden in keinem Bordbuch fest-

Das portugiesische Fort Toloko auf Ternate (Molukken)

gehalten. Ohne ihre Mitarbeit wären aber das große Abenteuer der beginnenden Neuzeit und die außerordentliche Leistung des Kleinstaates Portugal, die Erschließung der Gewürzroute, nicht möglich gewesen.

Erläuterungen geographischer, historischer und technischer Fachbegriffe (Glossar)

Abelmoschus Öl, das von der Hibiskusart *Hibiscus abelmoschus* stammt, einem Malvengewächs, das in den warmen Gebieten der Erde heimisch ist

Achterdeck hinteres Schiffsdeck

Alaun Doppelsulfat, ursprünglich für Kalialaun, ein Salz, das früher aus Alaunschiefer gewonnen wurde; in verschiedenen Formen fand es Verwendung als Arzneimittel (Alaunstein) oder als blutstillendes Mittel (Alumen), zum Leimen von Papier oder in der Färberei als Beize

Aloe Gattung der Liliengewächse, die in den wärmeren Gebieten der Alten Welt, hauptsächlich in den Steppen und Gebirgen Afrikas, vorkommt; der Saft der Blätter verschiedener Arten fand in der Heilkunde als Abführmittel oder als Mittel gegen Brandwunden Verwendung und diente auch als Hopfenersatz beim Bierbrauen

Barca (portugiesisch) dreimastiges Lastschiff mit einer Wasserverdrängung von ca. 30–50 t, das sich zur Küstenschiffahrt eignet; bis Anfang des 15. Jh. war die portugiesische Marine mit diesem Schiffstyp ausgerüstet; auch Bezeichnung für Flußschiff

Barrinel (portugiesisch) Schiff mit Rudern und Lateinsegeln; bis Anfang des 15. Jh. war die portugiesische Marine mit diesem Schiffstyp ausgerüstet

Betelpfeffer Blätter der Kletterpflanze *Piper betle;* diese Blätter werden im tropischen Asien mit Zusätzen als Genußmittel gekaut

Borax (persisch) Natriumtetraborat, ein Mineral, das als Rohstoff in der chemischen Industrie eingesetzt wird, z. B. als Bleichmittel in Waschmitteln und Seifen sowie in der Medizin

Brasilholz (portugiesisch *Pão do Brasil*) auch Pernambuc, orange- bis dunkelrotes Holz des tropischen Baumes *Caesalpina brasiliensis,* nach dem Brasilien seinen Namen erhielt

Caravela (portugiesisch) ursprünglich Schiff mit Rahsegeln zum Warentransport auf dem Douro-Fluß; später auch Bezeichnung für Fischerboote und kleine Handelsschiffe; durch Umbau zum Standardschiff für alle portugiesischen und spanischen Entdeckungsfahrten verwendet (im Deutschen als Karavelle bekannt; s. S. 38ff.)

Caravo (portugiesisch) Transportschiff, im Mittelalter und in der Neuzeit auf dem Mittelmeer in Gebrauch

Cavaleiro portugiesische Bezeichnung für Ritter

Conquista portugiesische und spanische Bezeichnung für Eroberung

Cortes portugiesische Bezeichnung für Ständeversammlung

Dau kleines Transportschiff mit Lateinsegeln, im 15. Jh. auf dem Mittelmeer in Gebrauch

Doge Bezeichnung für das Staatsoberhaupt der ehemaligen Republiken Venedig (seit 697) und Genua (seit 1339); in Venedig waren die Dogen seit dem 12. Jh. an die Mehrheitsbeschlüsse der Stadtherren gebunden und seit 1229 der Kontrolle des Rates der Zehn unterstellt; in Genua wurden sie seit 1528 auf zwei Jahre aus den Reihen der Großen des Rates gewählt und besaßen weitgehend nur repräsentative Funktionen

Dom/Dona (portugiesisch) Ehrentitel vor dem Vornamen von Adligen und hohen Geistlichen

›Drachenblut‹ Harz des Drachenbaumes *Dracaena draco;* früher zu medizinischen Zwecken verwendet, heute vor allem als Färbemittel genutzt

›Erzpriester Johannes‹ Herrscher eines legendären christlichen Reiches, mit dem die Portugiesen ein Bündnis gegen den Islam abschließen wollten; die Sage vom Reich des mächtigen Priesterkönigs Johannes, wahrscheinlich ursprünglich von Äthiopien abgeleitet, dem einzigen ununterbrochen christlichen Reich außerhalb Europas, beschäftigte die Europäer mehrere Jahrhunderte lang; im 12. und 13. Jh. suchte man das Land zunächst in Asien, vermutete es dann irgendwo in Ostafrika, einige Karten zeigten es sogar in der Nähe des Golfs von Guinea; im 14. Jh. glaubte man schließlich, es mit Äthiopien identifizieren zu können

Estado da India (portugiesisch) frühere Bezeichnung für alle portugiesischen Besitzungen in Asien

Faden nautisches Längenmaß, 1 Faden = 6 englische Fuß = 1,829 m

Faktorei größere Handelsniederlassung, besonders in Übersee

Färberwaid Schmetterlingsblütler *Isatis tinctoria;* die Pflanze liefert blauen Farbstoff

Fidalgo portugiesische Bezeichnung für Adliger

Fortunaten ehemalige Bezeichnung für die Kanarischen Inseln

Fuste (portugiesisch) langes, galeerenartiges Schiff mit flachem Boden, Segeln und Rudern, das sowohl die Portugiesen als auch die Inder zu Kriegszwecken und für Warentransporte nutzten

Galeasse um 1500 aus der Galeere entwickeltes, stärker bewaffnetes Kriegsschiff

Galeere wenig seetüchtiges Ruderschiff des Mittelalters, meist zweimastig, mit Lateinsegeln; die 40–50 m lange und 5–6,5 m breite, niedrige und nur bei ruhiger See einsatzbereite Kriegsgaleere wurde seit dem 16. Jh. zum Teil durch die Galeasse verdrängt

Gissen die Position eines Schiffes schätzen

Guinea-Haus staatliches Handelshaus in Lissabon, das den Handel mit dem *Estado da India* abwickelte

India Portuguesa (portugiesisch) Bezeichnung für die portugiesischen Besitzungen in Indien

Indigo (spanische Bezeichnung für ›indisch‹) Blaufärbemittel, organischer Farbstoff, aus Indigofora-Arten, Waid und Färberknöterich gewonnen; in Indien, China und Ägypten schon vor Jahrtausenden bekannt; die Araber bauten die Pflanzen in Westasien an; in Italien seit 1140, in Frankreich seit Anfang des 13. Jh. und in Deutschland seit ca. 1275 als kostbares Färbemittel verwendet; Mitte des 18. Jh. löste der Indigo den Waid und Ende des 19. Jh. Anilin den Indigo ab

Infant Titel der portugiesischen und spanischen Prinzen

Kalfatern (arabisch) die Plankennähte der Außenhaut und des Decks eines Schiffes abdichten

Kampfer (sanskrit-arabisch) wird gewonnen aus dem Kampferbaum *Cinnamomum camphora,* einer Art aus der Gattung der Zimtbäume, die in China und Japan beheimatet ist; vor allem in der Medizin als Anregungsmittel für Herz und Atmung sowie für Einreibungen verwendet

Karmin roter Farbstoff der Cochenille-Laus

Knoten in der Seefahrt verwendete Einheit für die Geschwindigkeit von Schiffen, 1 Knoten (kn) = 1 Seemeile pro Stunde = 1,852 bzw. 1,853 km/h

Kotschinchina der Südteil Vietnams, umfaßt die südlichen Ausläufer der Hügelkette von Annam und das Mekong-Delta

Kurie Gerichtshof oder Behörde sowie deren Sitz; auch älteste Gliederungsform der römischen Bürgerschaft in 30 Körperschaften, Versammlungshaus; heute vor allem Verwaltungsbehörde des Papstes

Lateinsegel dreieckiges Segel, das an einer schräg nach oben weisenden Stange asymmetrisch am Mast befestigt ist

Légua portugiesisches Längenmaß, 1 *Légua* = 6,179 km

Maghreb (arabisch ›Land, wo die Sonne untergeht‹) Westteil der arabisch-muslimischen Welt in Nordafrika (Tunesien, Nordalgerien, Marokko)

Manikongo Titel des Herrschers über das Kongo-Reich (bis ins 18. Jh.)

Manuelinischer Stil verspielt-dekorativer Baustil, nur in Portugal verbreitet, ca. 1500–30, Bindeglied zwischen der Spätgotik und der Renaissance; benannt nach König Manuel I. dem Glücklichen (1495–1521); spiegelt den in Übersee erworbenen Reichtum wider; Portale, Gewölbe und Fassaden von Kirchen, Klöstern und Palästen sind üppig mit Elementen aus der Seefahrt (aus Stein gehauene Taue, Anker, Muscheln, Tang), teils auch mit maurischem und indischem Zierwerk geschmückt; berühmte Bauten: das Jerônimo-Kloster und der Turm von Belém in Lissabon; führende Baumeister: Boitaca, Mateus Fernandes, Diogo und Francisco Arruda

Monsun (portugiesisch zu arabisch *Mausim* – ›Jahreszeit‹) ständige großräumige Luftströmung mit halbjährlich wechselnder Windrichtung in den Tropen; im süd- und südostasiatischen Raum bis nach Ostafrika weht im Nordwinter der Nordostmonsun, im Nordsommer dagegen der Sommermonsun aus westlicher Richtung

Narde (altindisch) wohlriechende Pflanzen und Pflanzenteile, die für Salben, Salböl und Arznei benutzt werden; die Wurzel der Indischen Narde, eines Baldriangewächses, war im Altertum als kostbarer Duftstoff, Gewürz und Heilmittel beliebt

Negus Titel des Herrschers von Äthiopien

Opium dunkelbrauner, betäubend riechender, bitter schmeckender, eingetrockneter Milchsaft des Schlafmohns *Papaver somniferum;* Rauschmittel

Ordenações (portugiesisch) Verordnungen des portugiesischen Königs, die von der königlichen Kurie ausgingen

Padrão (Plural *Padrões,* portugiesisch) Wappenpfeiler, welche die portugiesischen Könige längs der west- und ostafrikanischen Küste bei jeder Entdeckungsfahrt an markanten Plätzen aufstellen ließen, um ihre Macht zu demonstrieren; die Pfeiler waren zunächst aus Holz, seit der ersten Fahrt Diogo Cãos (1482) aus Stein, mit einem Kreuz gekrönt und trugen das portugiesische Wappen sowie den Namen des Königs und des Entdeckers

Passate (niederländisch) sehr beständige Winde, die auf beiden Erdhalbkugeln von den subtropischen Gebieten mit hohem Luftdruck (Hochdruckgürteln) zum Äquator strömen, durch die Erddrehung jedoch abgelenkt werden und auf der Nordhalbkugel als Nordostpassat und auf der Südhalbkugel als Südostpassat wehen

Portulan mittelalterliches Segelhandbuch

Radscha (sanskrit ›König‹) bis zur Unabhängigkeit Indiens Titel der indischen Fürsten und der Fürsten im Malaiischen Archipel

Rahsegel viereckiges, meist trapezförmiges Segel, das an der Rah, einem querschiffs waagerecht am Schiffsmast beweglich angebrachten Rundholz oder Rohr, angeschlagen ist und meist quer zum Schiff steht

Real (Plural *Réis*) alte portugiesische Währungseinheit

Reconquista portugiesische und spanische Bezeichnung für Wiedereroberung, insbesondere für die Wiedereroberung der Iberischen Halbinsel von den Arabern

Rio do Ouro portugiesische Bezeichnung für Goldfluß; eine tief ins Landesinnere gezogene Meeresbucht an der westafrikanischen Küste, die von den Portugiesen für eine Flußmündung gehalten wurde, über die sie in das Goldland Melli (Mali) vorzudringen hofften

Saffianleder (persisch *Sachtijan* – ›Ziegenleder‹) pflanzlich gegerbtes, farbiges Ziegenleder mit Narben

Samurin ›Herr der Meere‹, Titel der lokalen Herrscher an der Malabarküste

Sarsaparillewurzel *(Radix Sarsaparillae)* Droge, die von mehreren Arten der zu den *Liliaceae* oder zur selbständigen Familie der *Similacaceae* gezählten Pflanzengattung *Similax* abstammt

Seemeile 1 Seemeile = 1,852 km (Deutschland) bzw. 1,853 km (Großbritannien)

Vila do Infante (portugiesisch) ›Ortschaft des Infanten‹; Sitz Heinrichs des Seefahrers in Sagres

Vizekönig Titel eines Generalgouverneurs oder Statthalters als Vertreter des Monarchen

Walken in der Textiltechnik Bezeichnung für das Bearbeiten der Stoffe, um ein Verfilzen, ein geschlosseneres Aussehen und eine erhöhte Festigkeit der Gewebe zu erreichen

Wermut *(Artemisia absinthicum)* eine Beifußart der gemäßigten Breiten Europas und Asiens; ihre Öle wurden zur Herstellung des alkoholischen Getränkes Absinth verwendet

Quellen- und Literaturhinweise

ALBUQUERQUE, B. DE: The Commentaries of the great Alfonso Dalbuquerque. Hakluyt Society, Bde. LIII, LV, LXII, LXIX. London 1884

AXELSON, E.: Descoberta do Padrão de São Gregorio erigido por Bartolomeo Dias. Bol. Soc. Geogr. 56, Nr. 7–8. Lissabon 1938

DERS.: O Padrão da Angra das Voltas. Bol. Soc. Geogr. 73, Nr. 1–3. Lissabon 1955

DERS.: O Padrão de São Felipe de Bartolomeo Dias. Bol. Soc. Geogr. 57, Nr. 3–4. Lissabon 1960

DERS.: The Portuguese in South-East-Africa 1600–1700. Johannesburg 1960

BAGROW, L. UND SKELTON, R. A.: Meister der Kartographie. Berlin 1963 (Zahlreiche Fehler in bezug auf Daten)

BARROS, J. DE: Dos Feitos que os Portugueses fizerem no Descobrimentos e Conquista dos Mares e Terras de Oriente. 4 Bde. Lissabon (1552) 1944–46

BENSAUDE, J.: L'Astronomie nautique au Portugal à l'Epoque des grandes Découvertes. Bern 1912

DERS.: Lacunes et Surprises de l'Histoire des Découvertes maritimes. Coimbra 1930

BOURNE, E. G.: The Demarcation Line of Alexander VI. Boston 1892

BOXER, CH. R.: Portuguese and Spanish Rivalry in the Far-East during the 17th Century. IRAS 1946/47

BREUSING, DR.: Regiomontanus, Martin Behaim und der Jakobsstab. In: Zeitschrift der Gesellschaft für Erdkunde, Bd. LV. Berlin 1869

CASTILHO, A. M. DE: Descripção de Roteiro da Costa occidental de Africa desde o Cabo de Espaitel até o das Agulhas. 2 Bde. Lissabon 1966

COELHO, J. M. LATINO: Vasco da Gama. Lissabon 1882

Colecção de Monumentos inéditos para a História das Conquistas dos Portugueses en Africa, Asia e América. Academia Real das Ciências de Lisboa, 4 Bde. Lissabon 1858–66

Colecção de Notícias para a História e Geografia das Nações ultramarinas. Lissabon 1912

Congresso do Mundo portugués. Publicações, 19 Bde. Lissabon 1924.

CORDEIRO, L.: Diogo Cão. Lissabon 1892

DERS.: Diogo d'Azambuja. Lissabon 1892

CORTESÃO, A. Z.: Cartografia e Cartógrafos portugueses dos Séculos XV a XVI. 2 Bde. Lissabon 1935

DERS. UND TEIXEIRA DA MOTA, A.: Portugaliae Monumenta Cartographica. 6 Bde. Lissabon 1960

COSTA PIMPÃO, A. J. DA: A Crónica de Guiné. Coimbra 1926

CRONE, G. R.: Maps and their Makers. London 1953

DANVERS, F. C.: The Portuguese in India. 2 Bde. London 1894 und 1965

DÉNUCÉ, J.: Les Origines de la Cartographie portugaise. Gent 1906

DINÍS, A. DIAS: Vida e Obras de Gomes Eanes de Zurara. 2 Bde. Lissabon 1949

DUFFY, J.: Portuguese Africa. Cambridge (Mass.) 1959

FERRAND, G.: Le Pilote arabe de Vasco da Gama et les Instructions nautiques des Arabes au XVème Siècle. In: Annales de Geographie, Année 31. Paris 1922

FITZLER, H.: Die portugiesischen Handelsgesellschaften des 15. Jahrhunderts und des beginnenden 16. Jahrhunderts. In: Vierteljahresschrift für Sozial- und Wirtschaftsgeschichte, Bd. I. 1932

FONTOURA DA COSTA, A.: Descobrimentos maritimos africanos dos Portugueses com D. Henrique, D. Afonso V. e D. João II. In: Congresso da História da Expansão Portuguesa no Mundo. Publicações, 1. Sekt. Lissabon 1938

GHILLANY, F. W.: Geschichte des Seefahrers Ritter Martin Behaim. Nürnberg 1853

GÜNTHER, S.: Martin Behaim. Bamberg 1890

DERS.: Zeitalter der Entdeckungen. Leipzig 1901

DERS.: Geschichte der Erdkunde. Leipzig 1904
História da Expansão Portuguesa nel Mundo. Lissabon 1938
História de Portugal. Herausgegeben von Peres, D. 8 Bde. Barcelos 1928–35
HÜMMERICH, F.: Vasco da Gama. München 1898
IHLE, A.: Das alte Königreich Kongo. Leipzig 1926
KIMBLE, G. H. T.: Portuguese Policy and its Influence on fifteenth Century Cartography. In: Geographical Review of New York. 1933
KONETZKE, R.: Die überseeische Welt und ihre Erschließung. Bern 1959
LICHTENSTEIN, M. H.: Geschichte der Entdeckung des Vorgebirges der Guten Hoffnung. In: Vaterländisches Museum, Heft 4. Hamburg 1810
LOPES DE LIMA, J. J.: Descobrimento e Posse do Reino do Congo. In: Annães maritimas e coloniães, 5. Ser., Nr. 3. Lissabon 1845
LOWE, CH. R.: Maritime Discovery. 2 Bde. London 1881
LÖWENBORG, J.: Geschichte der geographischen Entdeckungsreisen. Bd. I. Leipzig, Berlin 1881
MAGNAGHI, A.: Navegadores portugueses e Navigatori italiani. Florenz 1930
MAJOR, R. H.: The Life of Prince Henry of Portugal. London 1868
DERS.: India in the 15th Century. Hakluyt Society, Bd. XXII. London 1857
MEES, J.: Henri le Navigateur et l'Académie portugaise de Sagres. Brüssel 1901
PAULITSCHKE, PH.: Die geographische Erforschung des afrikanischen Kontinents. Wien 1880²
PERES, D.: História dos Descobrimentos portugueses. Coimbra 1960²
PESCHEL, O.: Geschichte des Zeitalters der Entdeckungen. Meersburg, Leipzig 1930
PINA, R. DE: Crónica d'El Rei D. João II. In: Colecção de Livros inéditos de História portuguesa, Bd. II. Lissabon 1792
PINHEIRO, CH. M.: Os Portugueses na Africa, Asia, América e Oceania ou História cronológica dos Descobrimentos. Lissabon 1890
PRESTAGE, E.: The Portuguese Pioneers. London 1933
RAVENSTEIN, E. G.: A Journal of the first Voyage of Vasco da Gama 1597–1599. Hakluyt Society, Bd. XCIX. London 1898
DERS.: The Voyage of Diogo Cão and Bartolomeo Dias 1482–1488. The Geographical Journal, Bd. XVI. London 1900
RITTER, C.: Geschichte der Erdkunde und der Entdeckungen. Herausgegeben von Daniel, H. A. Berlin 1861
ROHR, CH. VON: Neue Quellen zur zweiten Indienfahrt Vasco da Gamas und Forschungen zur Geschichte der Geographie und Völkerkunde. Leipzig 1939
RONCIÈRE, CH. DE LA: La Découverte de l'Afrique au Moyen Âge. Le Caire 1929
RUGE, S.: Die Entdeckung des Seeweges nach Ostindien durch Vasco da Gama 1497/98. Dresden 1898
SALENTINY, F.: Das Lexikon der Seefahrer und Entdecker. Tübingen 1974²
DERS.: Aufstieg und Fall des portugiesischen Imperiums. Wien, Graz, Köln 1977
SCHMELLER, J. A.: Valentim Fernandes Alemão und seine Sammlung von Nachrichten über die Entdeckungen und Besitzungen der Portugiesen in Afrika und Asien bis zum Jahre 1508. Abhandlungen der philosophisch-philologischen Abteilung der Königlich Bayerischen Akademie. 1887
SILVA, L. PEREIRA DA: A Arte de navegar dos Portugueses. In: História da Colonização portuguesa do Brasil, Bd. I, Kap. II. Porto 1921
SORI, B.: Descobrimentos dos Portugueses nos Séculos XV, XVI. Lissabon 1644
SUPAN, A.: Die territoriale Entwicklung der europäischen Kolonien. Gotha 1906
TEIXEIRA DA MOTA, A.: A Descoberta da Guiné. Boletim cultural da Guiné portuguesa, Bd. I. Lissabon 1946
TOUSSAINT, A.: Histoire de l'Océan indien. Paris 1961
ZURARA, G. EANES DE:: Crónicas dos Feitas de Guiné. Herausgegeben von Dias, A. J. Divisão de Publicações de Biblioteca Agência geral das Colónias. Lissabon 1949

Abbildungsnachweis

Reinhard Albers, Neumünster S. 22
Archiv für Kunst und Geschichte, Berlin Umschlagvorderseite, Umschlagrückseite
Bildarchiv Preußischer Kulturbesitz, Berlin S. 15, 16, 39, 40, 43, 44, 45 links, 46, 55, 91, 93, 96, 97 oben
Bilderberg, Klaus D. Francke, Hamburg vordere Umschlagklappe
Comissão nacional para as Comemorações dos Descobrimentos portugueses, Lissabon S. 31, 47, 65, 112, 119, 128, 132 links, 139, hintere Umschlaginnenklappe
Direcção-Geral da Comunicação Social, Lissabon S. 20, 21, 23, 24, 28, 42, 90, 118
Roland Dusik, Lauf S. 147
Edition Erdmann in K. Thienemanns Verlag, Stuttgart-Wien S. 41, 134/135
Thomas Fischer, Lissabon S. 78
Uli Franz, Köln S. 138
Günter Heil, Berlin S. 143
Historia-Photo, Hamburg S. 92, 117
Historisch Museum, Amsterdam S. 101, 144
Museu de Marinha, Lissabon S. 27, 45 rechts, 63, 64, 75, 77, 85, 86, 88, 95, 103, 108, 133, Frontispiz
Museum für Völkerkunde, Wien S. 97 unten
Portugiesisches Fremdenverkehrsamt, Frankfurt S. 19
Rijksmuseum-Stichting, Amsterdam S. 127, 145
Frank Rainer Scheck, Köln S. 25, 141
Südostasien-Bildarchiv Renate Loose, Berlin S. 136, 137
Universitätsbibliothek Tübingen S. 116, 123, 140, 142
Hans Weber, Lenzburg S. 83, 84

Alle übrigen Abbildungen stammen aus dem Archiv des Autors und des Verlages

Karten: DuMont Buchverlag

Register

Personenregister

Ortsregister

Sachregister

Die Seidenstraße

Handelsweg und Kulturbrücke zwischen Morgen- und Abendland

Von Hans-Joachim Klimkeit. 272 Seiten mit 27 farbigen und 91 einfarbigen Abbildungen, 17 Karten und Plänen, Bibliographie, Register
(DuMont Dokumente)

Das wachsende Interesse an China hat die Seidenstraße, die schon in der Antike als Handelsweg und Kulturbrücke Rom und das Reich der Mitte verband, in den Blickpunkt der Öffentlichkeit gestellt. Erst im 19. Jahrhundert entdeckten europäische Forscher eine fast verschollene, faszinierende Kultur, die seit der Öffnung Chinas auch westlichen Reisenden zugänglich ist.
Geheimnis und Zauber dieser über 14000 km langen Karawanenroute zwischen Morgen- und Abendland spiegeln sich in den zahlreichen historischen Schätzen wider, die aus dem ›Goldenen Zeitalter‹ der Seidenstraße zwischen dem 7. und 10. Jahrhundert erhalten blieben. Diese einmaligen Zeugnisse einer reichen Vergangenheit, die von nestorianischen Christen und Manichäern, vor allem aber vom Buddhismus geprägt wurde, stellt dieser Band ebenso vor wie die unterschiedlichen Völker, die am Rande der Seidenstraße blühende Oasenstädte schufen.

»Umfassend beschreibt Hans-Joachim Klimkeit die einzelnen Landschaften entlang der Route, hebt Charakteristika hervor, beleuchtet schließlich auch die sozialen Verhältnisse ›im Land der Seidenstraße‹. Zahlreiche Abbildungen – zum Teil farbig – geben dem Leser einen Eindruck von der einstigen Bedeutung dieses Handelsweges. Abgerundet wird der beachtenswerte Band von einer umfangreichen Bibliographie und einem Anmerkungsapparat.«
Hellweger Anzeiger

»Aus der Feder eines Orientalisten, vergleichenden Religionswissenschaftlers sowie in Indien geborenen und dort aufgewachsenen Missionarssohnes, ist die Lektüre nicht nur ein Genuß, sondern bietet auch eine reichhaltige wissenschaftliche Bibliographie samt Glossar.«
Salzburger Volksblatt